KOOKBIBLIOTHEEK

Soepen en Eenpansgerechten

R&B

Soufflés

Heerlijkheden uit de oven

Knapperige gratins en kruidig-pikante soufflés met groente, rijst of pasta, vis of vlees, en met veel verse kruiden – voor elke smaak is er wat bij

Bladzijde 124

Fruitig en fris voor zoete snoepers

Als zomerse middagmaaltijd, als lichte avondmaaltijd en natuurlijk ook als luchtig nagerecht.
Deze zoete soufflés met eieren, kwark, rijst en veel vruchten zorgen voor een heerlijke smulpartij

Bladzijde 160

Keukentips

En dit leert u in dit hoofdstuk: welk vlees is het meest geschikt voor een kruidige vleesbouillon en hoe kan een bouillon verrijkt en verfijnd worden; de verschillende bereidingsmethoden voor soufflés, hoe een soufflé bijzonder knapperig wordt en hoe een soufflé zijn heerlijke romige samenstelling krijgt

Bladzijde 175

De recepten zijn voor 4 personen, tenzij anders wordt aangegeven.

Soepen

Groentecrèmesoep

(Foto onder)

2 middelgrote uien	pellen en snipperen
40 g boter	verhitten, de uien daarin glazig bakken
1 l vleesbouillon (blokje)	
2,5 dl melk	toevoegen, aan de kook brengen
750 g klaargemaakte groenten (bijv. prei, wortel, koolrabi, bleekselderij)	toevoegen, met
zout, peper nootmuskaat	op smaak brengen, aan de kook brengen, 15-20 minuten laten koken de soep door een zeef wrijven of in de keukenmachine pureren (eventueel wat prei en bleekselderij bewaren), weer verhitten met
2 eierdooiers	
4 el medium sherry	loskloppen, de soep daarmee binden, kleingesneden prei en selderij toevoegen, over soepkommen verdelen, op elke portie iets van
1 bekertje crème fraîche	scheppen.
Kooktijd:	ongeveer 30 minuten.
Erbij:	stokbrood of hete kaasstengels.

Koninginnesoep

40 g boter	smelten
40 g bloem	al roerend verhitten tot het mengsel lichtgeel is
1 l kippebouillon	toevoegen, met een garde kloppen, aan de kook brengen, ongeveer 10 minuten laten koken
200 g gekookt kippevlees	in blokjes snijden
8-10 amandelen	pellen, malen
100 g gare bloemkoolroosjes of aspergepunten	
	de ingrediënten aan de soep toevoegen met
1 eierdooier	
1,25 dl melk	loskloppen, de soep daarmee binden, met
bouillonpoeder of soepkruiden	op smaak brengen.
Kooktijd:	15-20 minuten.
Variatie:	in plaats van kippebouillon kalfsbouillon gebruiken. Eventueel de soep met wat fijngehakte dille bestrooien.

Kervel-kruidensoep

(Foto blz. 6/7)

1 bosje soepgroente	schoonmaken, wassen, in fijne reepjes snijden
40 g boter	smelten, de soepgroente daarin licht smoren
1 l vleesbouillon (blokje)	toevoegen, aan de kook brengen, ongeveer 15 minuten op een laag vuur laten koken
2-3 el maizena	door
4-5 el koud water	roeren, de bouillon daarmee binden
1 bekertje crème fraîche	erdoor roeren
1 klein bosje kervel	
bosje peterselie	de kruiden wassen, fijnhakken, de soep met
zout	
peper	op smaak brengen, naar wens met
geroosterde blokjes witbrood	serveren.
Kooktijd:	ongeveer 20 minuten.
Erbij:	witbrood.

Witlofsoep

	Van
500 g witlof	de lelijke blaadjes verwijderen, de witlof halveren, de kern eruit snijden, de witlof wassen, in reepjes snijden
7,5 dl kippebouillon	aan de kook brengen, de witlofreepjes toevoegen, aan de kook brengen, ongeveer 5 minuten laten koken, 3 eetlepels witlofreepjes uit de bouillon scheppen, apart houden, de rest van de witlof in de bouillon pureren
2 eierdooiers	met
1,25 dl slagroom	loskloppen, de soep daarmee binden de bewaarde witlofreepjes toevoegen, meeverhitten (niet meer laten koken), de witlofsoep met
zout, peper	
nootmuskaat	op smaak brengen, met
blokjes geroosterd brood	
1 el gehakte peterselie	bestrooien.
Kooktijd:	ongeveer 10 minuten.

Garnalensoep

(Foto boven)

½ knolselderij	goed onder de koude kraan afborstelen, schillen, in kleine blokjes snijden
1 ui	pellen en snipperen
2 wortelen	schoonmaken, schrappen, wassen, halveren, in reepjes snijden
1 middelgrote stengel prei	schoonmaken, wassen, in dunne ringen snijden
50 g boter	smelten, de groenten daarin smoren
7,5 dl vis- of vleesbouillon	toevoegen, aan de kook brengen, ongeveer 15 minuten laten koken
2,5 dl witte wijn	toevoegen, de soep verhitten
2 el aardappelmeel	met wat
koud water	losroeren, door het mengsel roeren, even opkoken, van het vuur nemen
2 eierdooiers	met wat bouillon losroeren, aan de bouillon toevoegen, roeren
250 g gepelde garnalen	toevoegen, meeverhitten, de soep met
zout, peper	op smaak brengen.
Kooktijd:	ongeveer 25 minuten.
Erbij:	sesambroodjes.
Variatie:	de garnalen over de borden verdelen, de hete soep erbij gieten.

Pompoensoep

(Foto boven)

1 kg soepbeenderen	onder de koude kraan afspoelen, in
1,5 l gezouten water	leggen, aan de kook brengen, afschuimen
1 bosje soepgroente	schoonmaken, wassen, grof snijden, met
2 laurierblaadjes	
2 tl witte peperkorrels	toevoegen, ongeveer 1½ uur in een open pan zacht laten koken, af en toe afschuimen
	de bouillon tot ongeveer 1 liter laten inkoken, door een zeef gieten
100 g uien	pellen en snipperen
1 kg pompoenvlees (schoongemaakt)	in ongeveer 1 cm grote blokjes snijden
30 g boter	smelten, de uisnippers daarin glazig bakken, pompoenblokjes toevoegen, goed verhitten, de hete bouillon toevoegen, aan de kook brengen, ongeveer 15 minuten laten sudderen (of tot het pompoenvlees uit elkaar valt)
	de pompoenstukjes in de bouillon pureren (een paar stukjes heel laten), de soep met
zout, peper	
suiker	op smaak brengen
50 g pijnpitten	in een pan zonder vet goudbruin roosteren
2 el gehakte dille	door de soep roeren
1 bekertje crème fraîche	erdoor roeren, of met de pijnpitten erbij geven.
Kooktijd:	ongeveer 1¾ uur.
Tip:	de pompoensoep eventueel koud serveren.

Wortelcrèmesoep

400 g wortelen	schoonmaken, schrappen, wassen
2 grote aardappelen (circa 175 g)	schillen, wassen
1 stuk knolselderij	schillen, wassen
2-3 uien	pellen
	de vier ingrediënten in stukjes snijden
1-2 el boter	smelten, de uisnippers daarin glazig bakken, de groenten toevoegen, meebakken
1 l water	met
zout, peper	toevoegen, aan de kook brengen, ongeveer 12 minuten laten koken, de soep pureren
½ bekertje crème fraîche	erdoor roeren, de soep met peper,
zout	op smaak brengen
1 el gehakte dille	erdoor roeren
	kort voor het serveren
boter	in klontjes op de soep leggen.
Kooktijd:	ongeveer 20 minuten.
Tip:	de soep met geroosterd brood en kruidenboter als lichte avondmaaltijd serveren.

Paprikaroomsoep

3-4 paprika's (circa 500 g)	halveren, steel, zaad en zaadlijsten verwijderen, paprika's wassen, in reepjes snijden
4 uien (circa 200 g)	pellen, fijnsnipperen
200 g zuurkool	lostrekken, fijnsnijden
2-3 el olie	verhitten, de uisnippers daarin glazig bakken
	paprika en zuurkool toevoegen, meeverhitten
1 l hete vleesbouillon	toevoegen, aan de kook brengen, ongeveer 20 minuten laten koken, met
zout, peper	op smaak brengen
3-4 el witte wijn	toevoegen
1,25 dl slagroom	erdoor roeren, meeverwarmen.
Kooktijd:	ongeveer 30 minuten.

Kaassoep met lente-uitjes

40 g boter	smelten
40 g bloem	toevoegen, al roerend verhitten tot het mengsel lichtgeel is
1 l vleesbouillon	toevoegen, met de garde kloppen en opletten dat er geen klontjes ontstaan, de bouillon aan de kook brengen, ongeveer 5 minuten laten koken
200 g belegen Goudse kaas	in blokjes snijden, met
2 el crème fraîche	toevoegen, al roerend aan de kook brengen, roeren tot de kaas is gesmolten de soep met
zout, peper nootmuskaat	op smaak brengen
1 bosje lente-uitjes (circa 250 g)	schoonmaken, het groen tot op ongeveer 15 cm afsnijden, de knolletjes eventueel pellen, de uitjes in ringen snijden
1 el boter	smelten, de uiringen 3-5 minuten bakken, vlak voor het serveren op de soep strooien.
Kooktijd:	ongeveer 20 minuten.

Avocadocrèmesoep Haifa

(Foto onder)

30 g boter	smelten
40 g bloem	al roerend verhitten tot het mengsel lichtgeel is
7,5 dl vleesbouillon (blokje)	toevoegen, met de garde kloppen, opletten dat er geen klontjes ontstaan, aan de kook brengen, ongeveer 3 minuten laten koken
1 rijpe avocado (circa 300 g)	halveren, ontpitten, het vruchtvlees uit de schil scheppen, door een zeef wrijven of pureren, aan de soep toevoegen (niet meer laten koken), met
zout, peper	op smaak brengen
1,25 dl sekt	toevoegen, de soep meteen over vier kommen verdelen
100 g halfstijf geklopte slagroom	over de soep verdelen, met
1 tl fijngehakte dille	bestrooien.
Kooktijd:	ongeveer 5 minuten.
Erbij:	kleine broodjes.

Tomatencrèmesoep met slagroom

(Foto boven)

400 g tomaten	wassen, kleinsnijden
60 g spek	in blokjes snijden, in de open snelkookpan uitbakken
1 gepelde, gesnipperde ui	en eventueel
1-2 gepelde, gesnipperde teentjes knoflook	toevoegen, korte tijd meebakken
40 g bloem	erover strooien, goudgeel bakken, de tomaten toevoegen, erdoor roeren
7,5 dl vleesbouillon (blokje)	toevoegen
2 el tomatenpuree	erdoor roeren, met
oregano	op smaak brengen, de snelkookpan sluiten, gaar laten koken, de soep door een zeef wrijven, kort voor het serveren
4 el geklopte slagroom	
gehakte dille	over de soepkommen verdelen.
Kooktijd:	ongeveer 10 minuten.

Gebonden zuringsoep

2 witte boterhammen	in kleine blokjes snijden
3 el boter	smelten, de broodblokjes daarin goudgeel bakken, over 4 soepkommen verdelen
1 wortel	schoonmaken, schrappen
1 knolselderij	schoonmaken
stengels prei	schoonmaken, het donkere groen tot op ongeveer 10 cm afsnijden de groenten wassen, kleinsnijden, in
1 l water	doen, aan de kook brengen, ongeveer 30 minuten laten koken, de groentebouillon door een zeef gieten
30 g boter	smelten
1 el bloem	al roerend verhitten tot het mengsel lichtgeel is, de groentebouillon langzaam erdoor roeren, met een garde kloppen, opletten dat er geen klontjes ontstaan, de soep aan de kook brengen
100 g veldzuring	uitzoeken, de stelen verwijderen, de blaadjes voorzichtig afspoelen, uit laten lekken, in fijne reepjes snijden
1 teentje knoflook	
2 sjalotjes of 1 kleine ui	beide pellen en snipperen, met de zuringreepjes en
1 el fijngesneden bieslook	
1 el gehakte peterselie	aan de soep toevoegen, opkoken, met
zout, peper	
nootmuskaat	op smaak brengen
1 eierdooier	met
1 el slagroom	losroeren, de soep daarmee binden, verhitten (niet meer laten koken), over de broodblokjes gieten, meteen serveren.
Kooktijd:	ongeveer 40 minuten.

Spruitjescrèmesoep

500 g spruitjes	schoonmaken, de stronkjes kruisvormig insnijden, de spruitjes wassen, in
2,5 dl water	doen, wat
zout	toevoegen, aan de kook brengen, ongeveer 10 minuten laten koken kort voor het einde van de kooktijd 10 spruitjes uit de pan nemen, in vieren snijden, apart houden de rest van de spruitjes in het vocht pureren
5 dl heet water	
1 tl bouillonpoeder	toevoegen, aan de kook brengen
1 tl maizena	door
1 el koud water	roeren
1 eierdooier	
2 el crème fraîche	erdoor roeren, door de spruitjessoep kloppen, verhitten
½-1 el zachte boter	toevoegen de spruitjescrèmesoep met
zout	
cayennepeper	
suiker	op smaak brengen, de bewaarde spruitjes toevoegen, meeverhitten

	de soep met
gehakte peterselie	bestrooien.
Kooktijd:	ongeveer 20 minuten.

Holsteiner biersoep

(Foto onder)

150 g volkorenbrood	in blokjes snijden, in
5 dl water	leggen, aan de kook brengen, zacht laten koken, door een zeef wrijven
½ pijpje kaneel	
sap en schil van ½ citroen	
zout	
75 g suiker	
100 g uitgezochte rozijnen	toevoegen, al roerend aan de kook brengen
2 appels	schillen, klokhuis verwijderen, in schijven snijden, met
5 dl bier	aan de soep toevoegen, aan de kook brengen, ongeveer 10 minuten laten trekken
1 eierdooier	loskloppen, de soep daarmee binden
	voor de eiwitballetjes
1 eiwit	met
50 g suiker	stijfkloppen, hieruit kleine balletjes steken, op de hete soep leggen, in een gesloten pan in 3-4 minuten stijf laten worden.
Kooktijd:	ongeveer 20 minuten.

Zoetzure soep Bananera

(Foto boven)

4 bananen (circa 600 g)	schillen, met een vork fijnprakken of pureren
1 bekertje crème fraîche	erdoor roeren, met
4 el vruchten-azijn	
1-2 tl suiker	
½ tl uienpoeder	op smaak brengen
7,5 dl kippebouillon (blokje)	verhitten, het banaanmengsel langzaam door de bouillon roeren, aan de kook brengen, kort laten opkoken, de soep met
zout	op smaak brengen, met
schijfjes banaan	
blaadjes citroenmelisse	garneren, meteen serveren.
Kooktijd:	5-8 minuten.
Tip:	om de soep er goudgeel uit te laten zien, een beetje saffraan toevoegen.

Kerssoep met forelballetjes

	Voor de kerssoep van
2 bosjes waterkers (circa 300 g)	de gele blaadjes en dikkere stelen verwijderen, de kers afspoelen, uit laten lekken, pureren (een paar blaadjes voor het garneren bewaren)
1 l krachtige kippebouillon	aan de kook brengen, van het vuur halen
1,25 dl slagroom	*met*
3 eierdooiers	kloppen, met
3 el crème fraîche	door de bouillon roeren, al roerend verhitten tot de soep dikkig wordt, de gepureerde waterkers erdoor roeren, meeverhitten
	voor de forelballetjes
1 schoon-gemaakte forel	

(circa 250 g)	fileren, de filets in grove stukken snijden, met
1 ei	
3 el crème fraîche	
zout, peper	
nootmuskaat	pureren
	uit het mengsel met een theelepel balletjes steken, in
kokend water	leggen, wat
zout	toevoegen, aan de kook brengen, ongeveer 10 minuten laten trekken (het water mag slechts licht bewegen), de kerssoep over voorverwarmde borden verdelen, de forelballetjes erin leggen, met de bewaarde waterkersblaadjes bestrooien.
Kooktijd:	ongeveer 20 minuten.

Italiaanse vissoep Zuppa de pesce

(Foto rechts, 6-8 peronen)

1 kg mosselen	enige uren in ruim koud water leggen, het water af en toe verversen, de mosselen daarna goed afborstelen, baard verwijderen, wassen tot het water volkomen helder blijft, de mosselen die hierbij opengaan zijn oneetbaar, alleen de gesloten mosselen gebruiken
3 el olijfolie	verhitten, de mosselen toevoegen, in een gesloten pan verhitten tot de mosselen opengaan (ongeveer 5 minuten – mosselen die nu niet opengaan weggooien)
	het mosselvlees uit de schelpen halen, apart houden, het mosselvocht opvangen
2 kg schoongemaakte vis (bijv. schelvis, heek, zeetong, tarbot, aal, kabeljauw)	afspoelen, droogdeppen, ontgraten, in 5 cm lange stukkken snijden, met
citroensap	besprenkelen, ongeveer 15 minuten laten intrekken, koppen, staarten en vinnen in
2 l water	aan de kook brengen, ongeveer 15 minuten laten koken
	de bouillon door een zeef gieten, apart zetten
300 g schoongemaakte inktvis	afspoelen, droogdeppen, de grotere stukken in ringen snijden
4 ontvelde tomaten	in vieren snijden
1 wortel	schoonmaken, schrappen, wassen, in schijfjes snijden, van
1 struikje bleekselderij	de wortels afsnijden, eventueel de harde buitenste draden verwijderen, bruine plekken wegsnijden, de stengels fijnhakken
1 ui	pellen, wassen, in ringen snijden
3 el olijfolie	verhitten, de 4 ingrediënten met
1 gepeld, gekneusd teentje knoflook	
1 fijngehakt rood pepertje	
tijm	al roerend kort daarin bakken
2,5 dl droge witte wijn	toevoegen, met
zout, peper	op smaak brengen, wat in laten koken, aanvullen met visbouillon en mosselvocht, 10 minuten zacht laten koken eerst de stukken inktvis, na 10 minuten de stukken vis en
12 gepelde scampi	aan de soep toevoegen, aan de kook brengen, ongeveer 15 minuten laten koken, het mosselvlees toevoegen, met zout, peper op smaak brengen, kort opkoken
2 el olijfolie	verhitten
6-8 witte boterhammen	daarin aan beide kanten bakken, steeds 1 plak op een soepbord leggen, de soep erop gieten.
Kooktijd:	ongeveer 1¼ uur.

Klaus-Störtebekersoep

(Foto onder, 6-8 personen)

1 kg mosselen	enige uren in ruim koud water leggen, het water af en toe verversen, de mosselen daarna goed afborstelen, baard verwijderen, wassen tot het water volkomen helder blijft, de mosselen die hierbij opengaan zijn oneetbaar, alleen met gesloten mosselen verder gaan de mosselen in een pan leggen
7,5 dl witte wijn	erover gieten de mosselen onder regelmatig roeren verhitten tot ze opengaan (na ongeveer 5 minuten – mosselen die dicht blijven zijn oneetbaar en moeten worden weggegooid), het mosselvlees uit de schelpen halen
500 g soepbeenderen	onder de koude kraan afspoelen
1 bosje soepgroente	schoonmaken, wassen, kleinsnijden
1 teentje knoflook	pellen en snipperen
500 g tomaten	wassen, in vieren snijden de ingrediënten met
1 l water wat zout	aan de kook brengen, ongeveer 45 minuten laten koken de soepbeenderen verwijderen, de groenten door een zeef wrijven
500 g vastkokende vis (roodbaars, koolvis)	onder de koude kraan afspoelen, droogdeppen, met
2 el citroensap	besprenkelen, ongeveer 15 minuten laten intrekken, droogdeppen, in blokjes snijden
1 rode, 1 groene, 1 gele paprika	halveren, steel, zaad en zaadlijsten verwijderen, paprikahelften wassen, van de punten afsnijden, courgette wassen
1 courgette	
1 ui	pellen de groenten kleinsnijden, in
2,5-3,5 dl water	aan de kook brengen, in ongeveer 10 minuten gaar koken groenten, visstukjes, mosselen en mosselvocht samen met
150 g garnalen	aan de tomatenbouillon toevoegen, met
zout, peper 1 tl paprikapoeder 1 tl kerriepoeder	op smaak brengen, ongeveer 10 minuten laten trekken, eventueel nogmaals op smaak brengen, naar wens met
citroensap	op smaak afmaken.
Kooktijd:	ongeveer 1¼ uur.

Snel-klaar-soep

2 el bloem 1 el melk 1 ei zout nootmuskaat	door elkaar kloppen, druppelsgewijs (door middel van een garde of door de gaatjes van een schuimspaan) in
1 l hard kokende vleesbouillon of instant-vleesbouillon	laten lopen, even opkoken de soep met
gehakte peterselie	bestrooien.
Kooktijd:	ongeveer 3 minuten.

Donkere basissoep

40 g boter	smelten
50 g bloem	al roerend verhitten tot het mengsel licht- tot donkerbruin is
eventueel 1 ui	pellen en snipperen, aan de licht gebruinde bloem toevoegen omdat deze anders te donker wordt
1 l vloeistof	toevoegen, met de garde kloppen, aan de kook brengen, ongeveer 10 minuten laten koken, eventueel met
zout	op smaak brengen.

Lichte basissoep

40 g boter	smelten
40 g bloem	al roerend verhitten tot het mengsel lichtgeel is
1 l vloeistof	toevoegen, met een garde kloppen, aan de kook brengen, ongeveer 10 minuten laten koken, naar wens op smaak brengen.

Venkel-vissoep

	(Foto boven, 4-6 personen)
1 kg goede visgraten (tarbot, zalm)	onder de koude kraan afspoelen, in met
2 l water	
wat zout	aan de kook brengen
	10-15 minuten laten koken, door een zeef gieten, de visbouillon opvangen
500 g visfilet (tarbot of zalm)	onder de koude kraan afspoelen, droogdeppen, in kleine stukken snijden, met het
sap van 1 citroen	besprenkelen, ongeveer 15 minuten laten intrekken, van
4-5 venkelknollen	het groen afsnijden, apart leggen, de knollen schoonmaken, wassen, in achten snijden
4 uien (circa 200 g)	pellen en snipperen
1 bosje soepgroente (zonder selderij)	schoonmaken, wassen, in stukjes snijden
1 teentje knoflook	pellen en snipperen of persen
4 el olijfolie	verhitten, de vier ingrediënten met
100 g rijst (lange korrel)	daarin ongeveer 5 minuten bakken
	de visbouillon toevoegen
1 el groene peperkorrels (uit een pot)	fijndrukken, met
2 laurierblaadjes	toevoegen, de soep afgedekt ongeveer 20 minuten laten koken, een paar keer afschuimen
250 g tomaten	met kokend water begieten, in koud water laten schrikken, ontvellen, de kroontjes wegsnijden, de kern verwijderen, het tomatenvlees in blokjes snijden
	de stukjes vis met het citroensap en de blokjes tomaat aan de soep toevoegen
	de soep in een open pan 8-10 minuten verhitten (niet laten koken)
	het venkelgroen wassen
	droogdeppen, hakken, met
2 el gehakte peterselie	toevoegen, meteen serveren.
Kooktijd:	ongeveer 50 minuten.

Griessoep

1 l vlees- of groentebouillon of instant-vleesbouillon	aan de kook brengen
40 g griesmeel	al roerend erin strooien, laten zwellen, de soep met
zout bouillonpoeder	op smaak brengen, met
1 el gehakte peterselie of fijngesneden bieslook	bestrooien.
Kooktijd:	ongeveer 10 minuten.
Variatie:	de griesmeel in 20 g gesmolten boter doen en verhitten tot het mengsel lichtgeel is, aan de bouillon toevoegen.

Verse erwtensoep

(Foto onder)

250 g verse doperwten (750 g met peulen)	wassen
40 g boter	smelten, de erwtjes daarin verhitten, eventueel met
40 g bloem	bestrooien, kort meeverhitten
1 l vleesbouillon (blokje), zout	al roerend toevoegen, aan de kook brengen, gaar laten koken de soep met zout op smaak brengen, met
gehakte peterselie	bestrooien.
Kooktijd:	15 minuten.
Vulling:	gries- of gehaktballetjes.

Selderijsoep

250 g knolselderij	schillen, wassen, in dunne reepjes of schijfjes snijden, in
1-1,25 l kokend water	aan de kook brengen, gaar laten koken, uit het kookwater scheppen, door een zeef wrijven (een paar stukjes bewaren), de selderijpuree weer aan het kookwater toevoegen
40 g boter	smelten
40 g bloem	al roerend daarin verhitten tot het mengsel lichtgeel is, de groentebouillon toevoegen, met een garde kloppen, aan de kook brengen, ongeveer 10 minuten laten koken, de stukjes selderij toevoegen de soep met
zout peper	op smaak brengen, eventueel met
geroosterde broodblokjes	serveren.
Kooktijd:	ongeveer 30 minuten.

Bonensoep met tomaten

(Foto rechts)

150 g witte bonen	wassen, in
1,25 l water of (instant-) vleesbouillon	12-24 uur weken, in het weekvocht aan de kook brengen, gaar laten koken
1 stengel prei	schoonmaken, wassen, in ringen snijden na 1½ uur kooktijd aan de soep toevoegen, een deel van de gare bonen door een zeef wrijven
6 tomaten	met kokend water begieten, in koud water laten schrikken, ontvellen, de kroontjes wegsnijden, tomaten kleinsnijden
1 el boter	smelten, de stukjes tomaat,
1 el tomatenpuree 1 el bloem	al roerend daarin verhitten, de bonensoep toevoegen, met een garde doorkloppen, de hele bonen toevoegen, aan de kook brengen, ongeveer 15 minuten laten koken, de soep met
zout tijm knoflookzout bouillonpoeder 5 druppels tabasco	op smaak brengen
4 Weense worstjes	in schijfjes snijden, toevoegen, meeverhitten.
Kooktijd:	ongeveer 2 uur.

Vleesbouillon met pasta

1 l vleesbouillon, eventueel van blokjes	aan de kook brengen
40 g pasta (vermicelli, schelpjes of letters)	(vermicelli kleiner breken) erin strooien, roeren, gaar laten koken, de bouillon met
1 el gehakte peterselie	bestrooien.
Kooktijd:	10-15 minuten.
Variatie:	de pasta apart in zout water gaar koken, kort voor het serveren aan de bouillon toevoegen.

Linzensoep

200 g linzen	wassen, in
1,25-1,5 l vleesbouillon (eventueel van blokjes)	12-25 uur weken, in het weekvocht aan de kook brengen
1 bosje soepgroente	schoonmaken, wassen, kleinsnijden
1 ui	pellen en snipperen beide ingrediënten na 45 minuten koken aan de soep toevoegen, de gare linzen (allemaal of de helft) door een zeef wrijven, weer aan de kook brengen eventueel
1-2 tl maizena	door
1 el water	roeren, de soep daarmee binden, met
zout tijm	op smaak brengen
2-3 saucijsjes	in schijfjes snijden, meeverhitten de soep met
1 el fijngesneden bieslook	bestrooien.
Kooktijd:	ongeveer 1 uur.

Fijne kippesoep

(Foto onder)

250 g kippepoelet 500 g kipfilet	onder de koude kraan afspoelen, droogdeppen, in
1,5-2 l koud water	met
wat zout	aan de kook brengen, afschuimen
1 bosje soepgroente	schoonmaken, wassen, kleinsnijden, toevoegen, even laten koken, de bouillon door een zeef gieten
ongeveer 200 g gekookte aspergepunten ongeveer 150 g gekookte doperwtjes	toevoegen, meeverhitten, de kippesoep met
zout soeparoma	op smaak brengen, met
gehakte peterselie	bestrooien en serveren.
Kooktijd:	ongeveer 1 uur.

Middernachtsoep

(Foto boven, 6-8 personen)

250 g rundvlees
250 g varkensvlees
beide vleessoorten in blokjes snijden

50 g reuzel verhitten, het vlees daarin aan alle kanten goed aanbraden

250 g uien pellen, in vieren snijden, aan het vlees toevoegen, even mee laten bakken met

zout, peper
suiker
pikant paprikapoeder
tabasco
chilisaus
cayennepeper
madeira op smaak brengen

1 l vleesbouillon (blokje) toevoegen, laten koken

1 stengel prei schoonmaken, wassen, in dunne ringen snijden, eventueel nogmaals wassen

1 rode paprika halveren, steel, zaad en zaadlijsten verwijderen, paprika wassen

125 g knolselderij schoonmaken, schillen, wassen

2 wortelen schoonmaken, schrappen, wassen
de drie ingrediënten in reepjes snijden, na ongeveer 40 minuten kooktijd de groenten aan de soep toevoegen, gaar laten koken, 5 minuten voordat alles gaar is

425 g bruine bonen
425 g witte bonen (uit blik) met het nat toevoegen, kort meeverhitten
de soep met zout, peper, suiker, tabasco, chilisaus, cayennepeper op smaak brengen.

Kooktijd: ongeveer 1 uur.

Pikante partysoep

(4-6 personen)

250 g rundvlees	
250 g varkensvlees	in blokjes snijden
3-4 el olie	verhitten, de vleesblokjes aan alle kanten aanbraden
250 g sjalotjes	pellen, eventueel halveren, aan het vlees toevoegen, korte tijd meebakken
2 el tomatenpuree	toevoegen, met
zout, peper	
suiker	
mild paprikapoeder	
oregano	op smaak brengen
7,5 dl water	
2,5 dl rode wijn	toevoegen, de soep laten koken
2-3 tomaten	met kokend water begieten, in koud water laten schrikken, ontvellen, de kroontjes wegsnijden, tomaten in stukjes snijden
1 stengel prei	schoonmaken, wassen, in dunne ringen snijden, eventueel nogmaals wassen
circa 340 g maiskorrels (uit blik)	
	de drie ingrediënten 15 minuten voor het einde van de kooktijd aan de soep toevoegen, mee laten koken de soep met zout, peper, suiker op smaak brengen.
Kooktijd:	ongeveer 1 uur.

Vleesbouillon

(Foto links)

250 g soepbeenderen	afspoelen, kleiner maken
375 g rundvlees	
	beide ingrediënten in
2 l koud water	met
wat zout	aan de kook brengen
1 bosje soepgroente	schoonmaken, wassen
1 ui	pellen, in schijven snijden, met de soepgroente aan de bouillon toevoegen, laten koken tot het vlees gaar is, de bouillon door een zeef gieten, met zout,
bouillonpoeder	op smaak brengen.
Kooktijd:	2½-3 uur.
Erbij:	kaasstengels.

Pekingsoep Taifun

(Foto boven)

1 pakje Pekingsoep (diepvries)	volgens de aanwijzingen op de verpakking bereiden
3 el pompoen (uit een pot)	kleinsnijden
2 el yoghurt	erdoor roeren, met
gemberpoeder cayennepeper sojasaus	op smaak brengen, de soep over kommen of borden verdelen, steeds 1 eetlepel pompoenmengsel erop scheppen.
Kooktijd:	ongeveer 15 minuten.
Erbij:	roggebrood.

Duivebouillon

2 schoongemaakte duiven	samen met hart, hals en opengesneden en schoongemaakte maag met
wat zout	in
2,5 dl kokend water	leggen
1 bosje soepgroente	schoonmaken, wassen, toevoegen, aan de kook brengen, gaar laten koken, de duiven uit de bouillon nemen, het vlees van de beenderen halen, kleinsnijden, de bouillon door een zeef gieten, van de levertjes balletjes bereiden, met het vlees weer aan de bouillon toevoegen.
Kooktijd:	ongeveer 2 uur.

Franse uiensoep

	(Foto boven)
375 g uien	pellen, in ringen snijden
75 g boter	smelten, de uien daarin glazig bakken
1 l vleesbouillon	toevoegen, gaar laten koken, met
zout, peper	op smaak brengen
4 el witte wijn	toevoegen.
Kooktijd:	ongeveer 20 minuten.
Variatie:	de soep over vuurvaste kommen verdelen, in boter gebakken blokjes witbrood erover verdelen, met geraspte kaas bestrooien en even onder de grill zetten.

Ossestaartsoep

750 g ossestaart	onder de koude kraan afspoelen, droogdeppen, in stukken snijden
1 ui	pellen, in ringen snijden
1 bosje soepgroente	schoonmaken, wassen, kleinsnijden
40 g boter	verhitten, de ossestaart met
40 g doorregen spekblokjes	daarin aanbraden, ui en soepgroente toevoegen, kort meeverhitten
1,25 l heet water	met
4 peperkorrels *2 pimentkorrels* *2 kruidnagelen* *1 klein laurierbladje, zout*	toevoegen, aan de kook brengen, gaar laten koken, de bouillon door een zeef gieten, het vlees van de beenderen halen, kleinsnijden
40 g boter	smelten
50 g bloem	al roerend verhitten tot het mengsel donkerbruin is, de bouillon toevoegen, met een garde goed roeren, de soep aan de kook brengen, het vlees toevoegen, ongeveer 5 minuten laten koken, met
zout, peper *1 el citroensap* *rode wijn* *suiker*	op smaak brengen.
Kooktijd:	ongeveer 2 uur.

Pikante ossestaartsoep

	(Foto boven)
1 middel-grote ui	pellen en snipperen
1 el olie	verhitten, de uisnippers daarin glazig bakken
1 kleine augurk	in kleine stukjes snijden, met
1 tl honing *1 mespuntje kerriepoeder* *1 mespuntje paprikapoeder*	aan de uisnippers toevoegen, even mee laten bakken
1 blikje (± 400 g) ossestaartsoep	volgens de aanwijzingen bereiden, aan de gebakken groenten toevoegen, al roerend even opkoken, met
rode wijn, cognac, slagroom	op smaak brengen.
Kooktijd:	ongeveer 20 minuten.

Kalfsvleesbouillon

250 g kalfs-beenderen	onder de koude kraan afspoelen
250 g kalfsvlees (van de borst)	beide ingrediënten in
1,5 l water	met
zout	leggen, aan de kook brengen, afschuimen
1 bosje soepgroente	schoonmaken, wassen, kleinsnijden, toevoegen, het vlees gaar laten trekken, de bouillon door een zeef gieten, met
zout bouillonpoeder of soeparoma	op smaak brengen
± 100 g gekookte aspergepunten ± 100 g gekookte doperwtjes	eventueel toevoegen, meeverhitten.
Kooktijd:	ongeveer 1½ uur.
Erbij:	witbrood.

Lentesoep

(Foto rechts)

125 g gewassen bloemkool	in roosjes verdelen
2 wortelen	schoonmaken, schrappen, wassen, met een gekarteld mesje in schijfjes snijden
4 soepasperges (± 80 g)	schillen
1 stengel prei (125 g)	schoonmaken
125 g knolselderij	schoonmaken, schillen de groenten wassen, kleinsnijden
2 middelgrote tomaten	wassen, kroontjes verwijderen, de tomaten kleinsnijden, de groenten in
1 l vleesbouillon (blokje)	doen, aan de kook brengen, gaar laten koken de soep met
zout, peper soeparoma	op smaak brengen, met
2 el gehakte peterselie	bestrooien.
Kooktijd:	ongeveer 20 minuten.
Vulsel:	gebakken eireepjes, gries- of mergballetjes.

Stevige tomatensoep

375 g tomaten	wassen, kleinsnijden
1 ui	pellen, snipperen
50 g vet spek	in blokjes snijden, uitbakken
30 g boter 40 g bloem	en de uisnippers toevoegen, verhitten tot het mengsel lichtgeel is, de tomaten,
7,5 dl water zout 1 tl gedroogde basilicum 1 bouillonblokje	toevoegen, aan de kook brengen, gaar laten koken de soep door een zeef wrijven, met zout,
peper suiker paprikapoeder tomatenpuree knoflookzout tabasco	op smaak brengen, met
gehakte peterselie	bestrooien.
Kooktijd:	15-20 minuten.
Variatie:	in plaats van tomaten ongeveer 3 eetlepels tomatenpuree op 1 liter water nemen.

Champignon-rijstsoep

(Foto onder)

500 g rundvlees (schenkel of riblappen)	met
wat zout	in
1,5 l koud water	leggen, aan de kook brengen, afschuimen, gaar laten koken, het vlees uit de bouillon nemen, van het been halen, kleinsnijden, apart houden
250 g champignons	schoonmaken, wassen, in plakjes snijden
1 el boter	smelten, de champignonplakjes daarin bakken, met
zout	op smaak brengen
wat gehakte dragon	toevoegen, de champignons gaar stoven de bouillon aan de kook brengen
50 g paprijst	toevoegen, aan de kook brengen, de rijst gaar maar niet te zacht koken
125 g gekookte aspergestukken	met het kleingesneden vlees en de champignons aan de bouillon toevoegen, even laten koken, met
soeparoma	op smaak brengen.
Kooktijd voor het vlees.	ongeveer 2 uur.
Baktijd voor de champignons:	ongeveer 10 minuten.
Kooktijd voor de rijst:	12-15 minuten.
Tip:	in plaats van champignons eekhoorntjesbrood of oesterzwammen gebruiken.

Kippebouillon

(Foto boven)

1 schoongemaakte soepkip (1,25 kg)	wassen, met hart, hals en opengesneden en schoongemaakte maag in
2,5 l kokend water	met
wat zout	leggen
1 bosje soepgroente	schoonmaken, wassen, kleinsnijden, toevoegen, aan de kook brengen, alles gaar laten koken (de lever slechts enkele minuten meekoken) wanneer de kip gaar is de bouillon door een zeef gieten, het kippevlees van de beenderen halen, eventueel kleinsnijden, aan de bouillon toevoegen of voor een fricassee gebruiken.
Kooktijd:	ongeveer 2 uur.
Vulsel:	gepocheerde eieren.

Groentebouillon

1 knolselderij	
1 middelgrote koolrabi	
1 middelgrote wortel	
1 middelgrote ui	
1 stengel prei	
100 g aspergestukken	
	de groenten schoonmaken, wassen, kleinsnijden
40 g boter	smelten, de groenten daarin smoren
1,25 l heet water	toevoegen, aan de kook brengen, gaar laten koken, kort voor het einde van de kooktijd
1 bosje peterselie	wassen, toevoegen, de bouillon zeven, eventueel in plaats van vleesbouillon gebruiken.
Kooktijd:	ongeveer 1 uur.
Variatie:	peterseliewortel, bloemkoolstelen, witte kool- of savooiekoolbladeren meekoken. In plaats van verse, diepvriessoepgroente gebruiken.

Erwtensoep

200 g groene erwten	wassen, in
± 1,5 l vleesbouillon (blokje)	12-24 uur weken, in het weekvocht aan de kook brengen, eventueel
spekzwoerd en hamresten	toevoegen, gaar laten koken
soepgroente	schoonmaken, wassen, na 1 uur kooktijd aan de soep toevoegen, de gare erwten door een zeef wrijven
1 ui	pellen en snipperen
1 el boter	smelten de uisnippers daarin lichtbruin bakken
1 el bloem	toevoegen, kort meebakken de erwtensoep toevoegen, met de garde goed roeren, aan de kook brengen, ongeveer 15 minuten laten koken, de soep met
zout	
majoraan	
soeparoma	op smaak brengen, met
gehakte peterselie	bestrooien, eventueel met
geroosterde broodblokjes	serveren.
Kooktijd:	ongeveer 2 uur.

Hamburger mosselsoep

(Foto rechts)

± 800 g mosselen (uit blik)	in een zeef doen, het vocht opvangen, de mosselen uit laten lekken
50 g boter	smelten
250 g rijst (lange korrel)	
50 g rozijnen	toevoegen, al roerend verhitten tot de rijst lichtgeel is
5 dl water	toevoegen, de pan met keukenpapier afdekken, het deksel daarop leggen, de rijst gaar koken
1 ui	pellen en snipperen
4 el olijfolie	verhitten, de uisnippers daarin glazig bakken
500 g tomaten	met kokend water begieten, in koud water laten schrikken, ontvellen, de kroontjes wegsnijden, tomaten kleinsnijden, met
2,5 dl witte wijn	aan de uisnippers toevoegen, aan de kook brengen, de rijst, de mosselen en wat mosselvocht toevoegen, meeverhitten, met
zout, peper	op smaak brengen, de soep in een vuurvaste schaal doen, op het rooster in de voorverwarmde oven zetten de mosselsoep met
takjes kervel	garneren en serveren.
Oven op:	150-175 graden
Baktijd:	ongeveer 10 minuten de mosselsoep met
takjes kervel	gegarneerd serveren.

Italiaanse groentesoep met bonen

Minestrone
(Foto boven, 6-8 personen)

150 g witte bonen	12-24 uur in
koud water	weken, in het weekwater, met
zout	in ongeveer 1¼ uur bijna gaar koken, de bonen uit laten lekken, het kookvocht opvangen
100 g doorregen spek	in dobbelsteentjes snijden
1 ui	
2 teentjes knoflook	beide ingrediënten pellen en snipperen
een paar blaadjes basilicum	onder de koude kraan wassen, droogdeppen, fijnhakken
250 g bloemige aardappelen	schillen, wassen
250 g wortelen	schoonmaken, schrappen, wassen beide ingrediënten in stukjes snijden van
250 g courgette	de punten afsnijden, courgette wassen, in schijven snijden
2 stengels bleekselderij	schoonmaken, wassen, in dunne schijfjes snijden
2 stengels prei	schoonmaken, in de lengte doorsnijden, wassen, in dunne schijfjes snijden
250 g tomaten	met kokend water begieten, in koud water laten schrikken, ontvellen, de kroontjes wegsnijden, tomaten in vieren snijden
4 el olijfolie	verhitten, de spekblokjes daarin bakken, ui en knoflook glazig bakken, aardappel en basilicum toevoegen, even meebakken wortel, courgette, bleekselderij, prei en
200 g diepvries-erwtjes	
1 laurierblad	toevoegen, de groenten goed laten smoren, het bonenvocht met
vleesbouillon (blokje)	tot 2 liter aanvullen, de gekookte bonen toevoegen, aan de kook brengen, met
peper, zout	op smaak brengen, in een gesloten pan ongeveer 45 minuten laten koken, 20 minuten voor het einde van de kooktijd laurierblad eruit halen
150 g rijst (lange korrel)	erdoor roeren, in 15-20 minuten gaar koken, ongeveer 5 minuten voor het einde van de kooktijd de tomaten toevoegen, de gare groentesoep met
Parmezaanse kaas	bestrooien.
Kooktijd:	ongeveer 1½ uur.

Aardappelsoep met boerenkool

1 hambeen (± 1 kg)	door de slager in stukken laten zagen, de stukken been onder de koude kraan afspoelen, met
500 g doorregen spek	in
3 l koud water	leggen, aan de kook brengen
1 bosje soepgroente	schoonmaken, wassen, kleinsnijden, toevoegen het spek na ongeveer 1½ uur uit de pan halen, in plakken of repen snijden, in aluminiumfolie wikkelen, apart leggen de beenderen nog 2½-3 uur in de bouillon laten trekken de bouillon door een zeef gieten, de beenderen laten afkoelen, het vlees eraf halen, in aluminiumfolie wikkelen, apart leggen
750 g schoongemaakte boerenkool	goed wassen, met wat
zout	in ruim
kokend water	doen, aan de kook brengen, 5 minuten blancheren, afgieten, grof snijden
200 g uien	pellen, in de lengte in reepjes snijden
1 kg bloemige aardappelen	schillen, wassen, in blokjes snijden
1 bosje soepgroente	schoonmaken, wassen, kleinsnijden de groenten aan de bouillon toevoegen, ongeveer 30 minuten laten koken
1 bosje peterselie	afspoelen, droogdeppen, de blaadjes van de stelen halen, fijnhakken, met

2,5 dl slagroom	door de soep roeren, naar wens met
zout, peper	op smaak brengen
	vlees, spek en
6-8 worstjes	aan de soep toevoegen, daarin verhitten
150 g vet spek	in kleine blokjes snijden, uitbakken
1 middelgrote ui	pellen, in schijven snijden, daarin goudbruin bakken, het spek-uimengsel aan de soep toevoegen, 10 minuten zachtjes koken.
Kooktijd:	ongeveer 4 uur.

Asperge-rijstsoep

(Foto onder)

500 g asperges	van boven naar beneden schillen, opletten dat de schil en de houtachtige delen geheel verwijderd zijn, de punten mogen echter niet beschadigd raken, de asperges wassen, in ongeveer 3 cm lange stukken snijden, de schillen met
5 dl water	aan de kook brengen, 15 minuten laten koken, afgieten, het kookvocht bewaren, de aspergestukken erin doen, aan de kook brengen, ongeveer 15 minuten laten koken
125 g rijst	met
wat zout	in
2,5 dl kokend water	doen, aan de kook brengen, in ongeveer 15 minuten gaar koken, de gare rijst in een zeef storten, met koud water begieten, uit laten lekken
1 bosje kervel	voorzichtig onder de koude kraan afspoelen, droogdeppen, fijnhakken
1 el boter	smelten, de fijngehakte kervel daarin smoren
5 dl kippebouillon (blokje)	toevoegen, aan de kook brengen, asperges met aspergevocht en rijst aan de soep toevoegen, verhitten, met
peper, zout nootmuskaat citroensap	op smaak brengen.
Kooktijd:	ongeveer 30 minuten.

Koude abrikozensoep

(Foto rechts)

500 g abrikozen	wassen, halveren, even in kokend water leggen, in koud water laten schrikken, ontvellen, ontpitten (een paar vruchten voor het garneren bewaren), de rest in ongeveer 1 cm brede reepjes snijden
1 l water	met
100 g suiker	
1 pakje vanillesuiker	
½ pijpje kaneel	
2 schijfjes citroen	aan de kook brengen, de abrikoosreepjes toevoegen, aan de kook brengen, gaar laten koken, met het kookvocht door een zeef wrijven, weer aan de kook brengen
2 volle el maizena	mengen met
2 el koud water	het gerecht daarmee binden, met suiker,
citroensap	op smaak brengen, af laten koelen de bewaarde abrikooshelften toevoegen, eventueel
eiwittoefjes	op het gerecht leggen.
Kooktijd:	ongeveer 20 minuten.

Koude bosbessensoep

(Foto onder)

3 dl water	met
2-3 schijfjes citroen	aan de kook brengen
30 g maizena	door
2 el koud water	roeren, al roerend aan het van het vuur genomen water toevoegen, even opkoken, de schijfjes citroen verwijderen
7 dl rode wijn	al roerend toevoegen
250 g bosbessen	uitzoeken, voorzichtig wassen, uit laten lekken, met
100 g suiker	toevoegen, het gerecht verhitten (niet laten koken), met
bosbessenlikeur	op smaak brengen, koel serveren.

Chocoladesoep

(Met puddingpoeder - 6 personen)

1 pakje puddingpoeder, chocolade	met
2 volle tl cacao	

75 g suiker	mengen, met 6 eetlepels van
1,5 l koude melk	mengen, de rest van de melk aan de kook brengen, het puddingpoeder al roerend langzaam door de van het vuur genomen melk roeren, even opkoken, de soep met
suiker *zout*	op smaak brengen.

Koude kruisbessensoep

1 kg grote kruisbessen	schoonmaken, met
circa 2,5 dl water *wat citroenschil* *1 pijpje kaneel*	aan de kook brengen, in ongeveer 8 minuten zacht laten koken, citroenschil en kaneel verwijderen, de kruisbessen door een zeef wrijven
3,75 dl rode wijn *150 g suiker*	door het kruisbesmengsel roeren, even opkoken, ongeveer 4 uur op een koele plaats zetten, met
schuimkoekjes	serveren.

Zomerse kersensoep met griesballetjes

(Foto onder)

750 g kersen	wassen, uit laten lekken, steeltjes en pitten verwijderen
2,5 dl rode of witte wijn	met
7,5 dl water citroenschil	
1 el citroensap	mengen
1 pijpje kaneel 1 kruidnagel	
75-100 g suiker	toevoegen, aan de kook brengen de kersen toevoegen, ongeveer 8 minuten laten trekken (het water mag slechts licht bewegen)
20 g maizena	in
koud water	oplossen, aan de soep toevoegen, even opkoken de kruiden eruit halen, de soep op een koele plaats zetten
	voor de griesballetjes
5 dl melk	met
citroenschil	
25 g suiker, zout	aan de kook brengen, van het vuur nemen
150 g griesmeel	al roerend erin strooien, tot een gladde bal roeren, nog ongeveer 1 minuut verhitten de hete bal in een schaal storten
1 ei	erdoor roeren, uit dit mengsel met twee natte theelepels balletjes scheppen, in
kokend gezouten water	leggen, in 5-7 minuten gaar laten trekken (het water moet licht bewegen).
Kooktijd:	10-15 minuten.

Weense vruchtensoep

(4-6 personen)

750 g vruchten (bijv. aardbeien, aalbessen, frambozen, bosbessen, bramen)	wassen (frambozen alleen schoonmaken), goed uit laten lekken, steeltjes verwijderen, de vruchten voorzichtig met
150 g gezeefde poedersuiker 2 el citroensap 1 el Grand Marnier 1 mespuntje kaneel	mengen, afgedekt 30 minuten laten staan
1 l yoghurt	erdoor roeren, het gerecht over dessertglazen verdelen, met
vanille-ijs	serveren.

Rode-wijnsoep

3 dl water	met
1 pijpje kaneel	
2 kruidnagelen	aan de kook brengen
1 kleine appel	schillen, klokhuis verwijderen, in schijfjes snijden, met
40 g sago	aan het water toevoegen, roeren, aan de kook brengen, gaar laten koken (kaneel en kruidnagelen eruit halen)
7 dl rode wijn	toevoegen, de soep verhitten (niet laten koken)
2 tl citroensap	
100 g suiker	erdoor roeren de soep warm of koud serveren.
Kooktijd:	10-15 minuten.
Variatie:	in plaats van sago rijst gebruiken (kooktijd: 20-30 minuten).
Vulling:	eiwitballetjes, kleine griesmeelballetjes, stukjes beschuit.

Eiwitballetjes

2 eiwitten	stijfkloppen
2 tl suiker	erdoor kloppen, kleine balletjes hieruit steken, op kokendhete soep of water leggen, in een pan met deksel in ongeveer 5 minuten stijf laten worden, eventueel de balletjes met
geraspte chocolade of suiker en kaneel	bestrooien.

Knoflooksoep met druiven en meloen

(Foto boven)

2 el gepelde, gemalen amandelen	
5-6 el paneermeel	
2-3 gepelde, gekneusde of fijngehakte teentjes knoflook	met de mixer roeren, langzaam
2-3 el olie	
1 el azijn	toevoegen
2,5-3,5 dl water	toevoegen, goed door elkaar roeren, met
zout, peper aroma	op smaak brengen
200 g witte druiven	wassen, afdrogen, halveren, ontpitten
ongeveer 200 g meloen	halveren, het vruchtvlees met een lepel uit de schil scheppen, in blokjes snijden beide ingrediënten aan de soep toevoegen de soep zeer koel, eventueel met
ijsblokjes	serveren.

Koude appelsoep met bernage

(Foto boven)

500 g zurige appels	schillen, klokhuis verwijderen, in schijven snijden, met
2,5 dl witte wijn	
1,25 dl citroensap	
2,5 dl water	aan de kook brengen, de appelschijfjes niet geheel gaar koken, uit de pan nemen
125 g suiker	aan het appelsap toevoegen, erdoor roeren, aan de kook brengen
2 afgestreken el maizena	door
wat koud water	roeren, het appelsap hiermee binden, de appelschijfjes toevoegen, de soep af laten koelen, een paar uur in de koelkast zetten
een paar kleine blaadjes bernage	voorzichtig afspoelen, droogdeppen, met
een paar bernage-bloempjes	over de soep strooien, meteen serveren.

Vruchtensoep

(Van gedroogd fruit)

100 g gedroogde vruchten (appel, abrikozen of pruimen)	wassen, in
1,25 l water	12 uur weken, in het weekwater, met
3 dr. citroenessence, kaneel	aan de kook brengen, gaar laten koken, de soep door een zeef gieten, aan de kook brengen
20 g maizena	door
2 el koud water	roeren, de soep daarmee binden, met
vanillesuiker	
suiker	op smaak brengen.
Kooktijd:	ongeveer 30 minuten.

Koude aarbeiensoep

(Foto rechts)

750 g aardbeien	wassen, goed uit laten lekken, steeltjes verwijderen, de aarbeien pureren
2-3 el suiker	toevoegen, het mengsel met
2,5 dl sinaasappelsap	mengen, goed gekoeld serveren.

Frisse meloensoep

(Foto boven)

1 honingmeloen (circa 1,2 kg)	doormidden snijden, kern verwijderen, het vruchtvlees met een lepel eruit scheppen, in de keukenmachine pureren
2,5 dl witte wijn *1-2 el suiker* *3-4 el citroensap*	toevoegen
250 g blauwe druiven	wassen, halveren, ontpitten, aan het gerecht toevoegen, gekoeld serveren.

Sneeuwmelk

25 g maizena	met 4 eetlepels van
1 l koude melk	mengen, de rest van de melk met
2 el gepelde, gemalen amandelen *2 druppels amandelaroma*	aan de kook brengen de maizena al roerend aan de van het vuur genomen melk toevoegen, even opkoken
1 eierdooier	met
2 el koud water	loskloppen, door de soep roeren, met

suiker	
vanille-	
suiker	
zout	op smaak brengen
1 eiwit	stijfkloppen,
2 tl suiker	erdoor roeren, hieruit kleine balletjes steken, op de kokendhete soep leggen, in de afgedekte pan in ongeveer 5 minuten stijf laten worden, de balletjes met
geraspte chocolade	bestrooien.
Variatie:	als de soep koud geserveerd moet worden, slechts 20 g maizena nemen, de balletjes op kokendheet water stijf laten worden.

Koude biersoep

(Foto onder)

65 g krenten of blauwe rozijnen	uitzoeken, met
20 g paneermeel	
30 g geroosterd en fijngewreven Duits brood	
50 g suiker	
1 mespuntje gemberpoeder	
1 mespuntje kruidnagelpoeder	
1 flesje bier (0,33 l)	
4 el port	
schil van 1 citroen	
1 pijpje kaneel	in een schaal mengen, goed roeren, 1-2 uur laten trekken
	citroenschil en kaneel verwijderen, met
citroensap	op smaak brengen.

Rabarber-frambozensoep met aardbeien

(Foto boven)

500 g rabarber	schoonmaken, wassen, in stukjes snijden
125 g suiker	verhitten, al roerend lichtbruin bakken
2,5 dl witte wijn	toevoegen, al roerend verhitten, de stukjes rabarber,
250 g frambozen (diepvries)	toevoegen, ongeveer 10 minuten laten koken
	de soep door een zeef wrijven
500 g aardbeien	wassen, steeltjes verwijderen, halveren aan de soep toevoegen
1 eiwit	stijfkloppen
1 tl suiker	erdoor kloppen, kleine balletjes eruit steken, op
kokend water	leggen, in afgedekte pan in ongeveer 5 minuten stijf laten worden, op de soep leggen
5 tl suiker	met
1 tl kaneel	mengen, over de eiwitballetjes strooien.
Kooktijd:	ongeveer 20 minuten.
Tip:	de soep kan ook een dag van tevoren worden gemaakt en ijskoud worden geserveerd. De eiwitballetjes dan echter kort voor het serveren op de soep leggen.

Melksoep met puddingpoeder

1 pakje puddingpoeder (vanille-, amandel- of roomsmaak)	met
60 g suiker	
zout	
1 eierdooier	mengen, met
6 el koude melk	aanroeren
1 l melk	met
1 stuk gele	

citroenschil	aan de kook brengen het aangeroerde puddingpoeder al roerend door de van het vuur genomen melk roeren, even opkoken
	voor de eiwitballetjes
1 eiwit	met
1 tl suiker	stijfkloppen, door de kokendhete soep scheppen.

Koude rabarbersoep

375 g rabarber	wassen, in kleine stukjes snijden, met
circa 150 g suiker	aan
1,25 l kokend water	toevoegen, aan de kook brengen, een keer opkoken
1 pakje puddingpoeder (kersen- of citroensmaak	met
4 el koud water	mengen, het kookvocht daarmee binden
3-4 el witte wijn	toevoegen, de soep eventueel met
suiker	op smaak brengen, af laten koelen naar wens
circa 100 g aardbeien	wassen, steeltjes verwijderen, halveren, toevoegen.

Zomerse kiwisoep

(Foto onder)

5 dl milde witte wijn (Spätlese)	met
2 el basterdsuiker	
4 kruidnagelen	
1 pijpje kaneel	aan de kook brengen
4 el ahornsiroop	erdoor roeren, het mengsel af laten koelen, door een zeef gieten
5 kiwi's	schillen, in schijfjes snijden, een paar schijfjes als garnering bewaren, de rest kort pureren, door een zeef wrijven om de pitjes te verwijderen, de kiwipuree met de wijn en
100 g crème fraîche	mengen, koel wegzetten voor het serveren met de kiwischijfjes en
verse muntblaadjes	garneren.

Melk-griessoep

(Foto links)

1 pakje griesmeel-pudding	met
70 g suiker	mengen, met 6 eetlepels van
1 l koude melk	mengen, de rest van de melk aan de kook brengen het puddingpoeder al roerend aan de van het vuur genomen melk toevoegen, al roerend even doorkoken.
Kooktijd:	ongeveer 2 minuten.

Koude karnemelksoep

30 g rozijnen of krenten	in lauw water laten zwellen, uit laten lekken
1 l karnemelk	met
50 g fijngemalen roggebrood	
circa 50 g suiker	
wat citroensap	kloppen, de rozijnen of krenten toevoegen, de soep op smaak brengen, koel serveren.

Komkommersoep

1 kleine komkommer	schillen, raspen of in de keukenmachine pureren, met
zout, peper	
1 uitgeperst teentje knoflook	op smaak brengen, laten staan om sap te trekken
circa 150 g yoghurt	toevoegen, erdoor roeren, met
aroma	op smaak brengen, met
fijngehakte peterselie	bestrooien de soep zeer koud, eventueel met
ijsblokjes	serveren.

Vlierbessensoep met appel

400 g vlierbessen	met
75 g suiker	
1 stuk gele citroenschil	
1 pijpje kaneel	
5 dl water	aan de kook brengen, gaar laten koken, de vlierbessen door een zeef wrijven, met water tot 7,5 dl aanvullen
2 middelgrote appels	schillen, klokhuizen verwijderen, in schijfjes snijden, met het vlierbessesap,
sap van 1 citroen	
1 stukje citroenschil	aan de kook brengen
20 g maizena	in
3 el koud water	oplossen, de soep daarmee binden, met
citroensap	op smaak brengen, warm of koud serveren.
Kooktijd:	ongeveer 20 minuten.
Vulsel:	zoete griesballetjes.

Yoghurtsoep met garnalen

(Foto onder, 6-8 personen)

1 komkommer (300 g)	schillen, in de lengte doorsnijden, de kern eruit schrapen, de komkommer in dunne reepjes snijden
150 g yoghurt	met
1 bekertje zure room	
1,25 dl melk	mengen, komkommerreepjes,
200 g verse gepelde garnalen	toevoegen
1 el gehakte muntblaadjes	
1 tl gehakte dille	
1 tl gehakte peterselie	erdoor roeren de soep met
knoflookpoeder	op smaak brengen.
Erbij:	in boter gebakken witbrood.

Rabarbersoep met eiwitballetjes

(Foto boven)

7 dl kersesap	met
4 el zwarte bessenjam	aan de kook brengen
20 g maizena	met
2 el citroensap	
2 el koud water	mengen, de soep daarmee binden
500 g rabarber	schoonmaken, wassen, in ongeveer 3 cm lange stukken snijden, aan de soep toevoegen, zachtkoken (de rabarberstukjes moeten wel heel blijven) het gerecht af laten koelen
	voor de eiwitballetjes
2 eiwitten	stijfkloppen
2-3 el suiker	erdoor roeren, met een natte eetlepel balletjes eruit steken, op kokend water leggen, in een afgedekte pan in ongeveer 5 minuten gaar koken, de balletjes met een schuimspaan eruit scheppen, uit laten lekken
5 tl suiker	met
1 afgestreken theelepel kaneel	mengen, de balletjes hiermee bestrooien, op het gerecht leggen.

Gekruide bananensoep

5 dl vleesbouillon (blokje)	aan de kook brengen
2 bananen	schillen, met een vork fijndrukken of in de keukenmachine pureren, met
citroensap	besprenkelen, al roerend langzaam de vleesbouillon toevoegen, met
kerriepoeder	op smaak brengen, eventueel
2 el slagroom	erdoor roeren, de soep met
geschaafde, geroosterde amandelen	bestrooien, zeer koud serveren.

Melksoep

1 pakje puddingpoeder (vanille-, amandel-, room- of citroensmaak)	met
50 g suiker	mengen, 6 eetlepels van
1,25 l koude melk	erbij roeren, de rest van de melk aan de kook brengen het puddingpoeder al roerend aan de van het vuur genomen melk toevoegen, even opkoken de soep met
suiker	
zout	op smaak brengen als de soep koud geserveerd moet worden nog 6 eetlepels koude melk of water extra nemen om het puddingpoeder mee aan te roeren.
Variatie:	wanneer een sterkere vanillesmaak wordt gewenst, in plaats van een pakje puddingpoeder 3 zakjes sauspoeder, vanillesmaak, nemen. De citroensmaak kan versterkt worden met enkele druppels citroenaroma.

Koude muntsoep

2,5 dl appelwijn	met
2,5 dl sinaasappelsap	
1,25 dl water	aan de kook brengen
3-4 takjes munt (met bloesem)	voorzichtig afspoelen, toevoegen, aan de kook brengen
1 el citroensap	erdoor roeren, de soep 3-4 minuten laten trekken, de munttakjes eruit halen
100 g suiker	toevoegen, verhitten
2 el maizena	door
4 el koud water	roeren, de soep daarmee binden, af laten koelen de muntsoep met een
takje munt	garneren.

Havervlokkensoep

40 g havervlokken	in
1 l kokende melk	strooien, roeren, aan de kook brengen, gaar laten koken de soep met
zout, suiker	op smaak brengen, eventueel
wat boter	erdoor roeren.
Kooktijd:	ongeveer 10 minuten.
Variatie:	50 g rozijnen meeverwarmen.

Dikke karnemelkpap

1 l karnemelk	met
2 dl melk	
100 g suiker	
½ tl kaneel	schuimig kloppen
50 g gemalen roggebrood	toevoegen de pap met
suiker	
kaneel	op smaak brengen.

Biersoep

(Foto onder)

5 dl water	met
1 pijpje kaneel	aan de kook brengen
2 pakjes sauspoeder, vanillesmaak	met
75 g suiker	mengen, met
3 el koud water	mengen, al roerend aan het van het vuur genomen water toevoegen, even opkoken
2,5 dl licht bier	
2,5 dl donker bier	toevoegen, de soep verhitten (niet laten koken)
1 eierdooier	met
2 el koud water	loskloppen, de soep daarmee binden, met
citroensap	
zout	
suiker	op smaak brengen.
Vulsel:	eiwitballetjes.

Russische soep

(Foto onder, 4-6 personen)

3,75 dl komkommersap (versgeperst uit ongeveer 1 ongeschilde komkommer)	met
3 bekertjes zure room	mengen
½ komkommer	wassen
½ rode en ½ groene paprika	bij de paprikahelfen steel, zaad en zaadlijsten verwijderen, de paprikahelften wassen
circa 200 g rode bieten (uit een pot)	uit laten lekken de drie ingrediënten in kleine stukjes snijden
2 hardgekookte eieren	pellen, fijnhakken
verse bieslook	wassen, droogdeppen, fijnsnijden de ingrediënten door de komkommersoep roeren de soep met
circa 3 el wodka zout versgemalen peper	op smaak brengen, koel serveren.

Koude courgette-tomatensoep

ongeveer 300 g courgette	eventueel schillen, in de lengte halveren, de helften in dunne schijfjes snijden

450 g yoghurt	met
1 bekertje crème fraîche	
1,25 dl melk	mengen, de courgetteschijfjes en
300 g ontvelde, kleingesneden tomaten	toevoegen
1 el gehakte muntblaadjes of 1 el gehakte dragonblaadjes 1 tl gehakte dille 1 tl gehakte peterselie	erdoor roeren
1-2 teentjes knoflook	pellen, snipperen, erdoor roeren de soep met
zout, peper	op smaak brengen, een paar uur in de koelkast zetten

	een glazen schaal met
gewassen slablaadjes	bekleden, de courgettesoep erin doen, eventueel
1 hardgekookt ei	pellen, hakken, over het gerecht strooien, met
takjes munt	garneren.
Erbij:	volkorenbrood en boter of in boter gebakken witbrood.

Witte-wijnsoep

(Foto boven)

3 dl water	met
1 pijpje kaneel	
2-3 druppels citroenaroma	aan de kook brengen
30 g maizena	in
2 el koud water	oplossen, al roerend aan het van het vuur genomen water toevoegen, even opkoken
7 dl witte wijn	toevoegen, de soep verhitten (niet laten koken)
1 eierdooier	met
2 el koud water	losskloppen, de soep daarmee binden, met
100 g suiker	op smaak brengen
	voor de eiwitballetjes
1 eiwit	stijfkloppen
2 tl suiker	erdoor kloppen, kleine balletjes hieruit steken, op kokend water leggen, in een afgedekte pan in ongeveer 5 minuten gaar koken, over de soep verdelen.

Koude meloensoep

(Foto boven)

125 g witte druiven	
125 g abrikozen	
1 appel (circa 125 g)	de vruchten wassen, halveren druiven en abrikozen ontpitten, uit appel klokhuis verwijderen de appelhelften in dunne schijven snijden
1 netmeloen (circa 500 g)	halveren, kern eruit schrapen, een meloenhelft in achten snijden, de schil verwijderen, in stukken snijden de vruchtstukken in
5 dl witte wijn	
3-4 el citroensap	aan de kook brengen, afgedekt ongeveer 20 minuten laten koken, door een zeef wrijven, aan de kook brengen
1 tl maizena	in
wat water	oplossen, de soep daarmee binden, met
1 el honing	op smaak brengen uit de andere meloenhelft kleine balletjes steken, aan het gerecht toevoegen, het gerecht af laten koelen
50 g pijnpitten	al roerend in een pan zonder vet goudbruin roosteren voor het serveren over het gerecht strooien.
Kooktijd:	ongeveer 20 minuten.

Chocoladesoep

30 g maizena	met 4 eetlepels van
1 l koude melk	mengen, de rest van de melk met
75 g geraspte chocolade	aan de kook brengen, van het vuur nemen, de maizena al roerend toevoegen, kort opkoken
1 zakje vanillesuiker	toevoegen, het gerecht met
zout, suiker	op smaak brengen.

Witte-wijnsoep met kiwi

3,75 dl appelsap	met
3,75 dl witte wijn	
40 g suiker	
1 pakje vanillesuiker	aan de kook brengen
20 g maizena	met
4 el slagroom	mengen, de vloeistof daarmee binden
2 eierdooiers	met
4 el slagroom	loskloppen, de soep daarmee verdikken (niet meer laten koken), eventueel met
suiker	
citroensap	op smaak brengen
2 kiwi's	schillen, in plakjes snijden, aan de soep toevoegen de soep koud of warm serveren.
Erbij:	lange vingers.

Avocadosoep met amandelblaadjes

(Foto rechts)

2 rijpe avocado's (circa 250 g)	halveren, ontpitten, het vruchtvlees uit de schil scheppen, door een zeef wrijven, meteen met
2 el citroensap	mengen
2,5 dl kippebouillon (blokje)	verhitten
3 el witte wijn	
1 dl slagroom	toevoegen, meeverhitten de avocadobrij erdoor roeren (niet laten koken), met
zout	
versgemalen peper	op smaak brengen, af laten koelen de soep over vier kommen verdelen, met
gepelde, geschaafde, geroosterde amandelen	bestrooien.

Rijst- of sagosoep

90 g paprijst (ronde korrel) of 50 g sago	door
1 l kokende melk	roeren, weer aan de kook brengen, gaar laten koken, de soep met
suiker, zout vanillesuiker	op smaak brengen.
Kooktijd:	ongeveer 30 minuten.

Kersensoep

(Foto onder)

500 g kersen	wassen, uit laten lekken, steeltjes eraf halen, ontpitten, met
200 g suiker	in
1,25 l water	aan de kook brengen, bijna gaar laten koken
1 pakje puddingpoeder, kersen	met
4 el koud water	mengen, de kersensoep daarmee binden
50 g suiker	
5 el witte wijn	erdoor roeren, met
suiker	op smaak brengen.
Kooktijd:	ongeveer 15 minuten.

Koude wijnsoep met vijgen

(Foto boven)

Ongeveer 250 g vijgen (uit blik)	uit laten lekken, het sap met water tot 5 dl aanvullen, met
2 schijfjes citroen (ongeveer ½ cm dik) 1 pijpje kaneel wat gemalen kardemom	
1-2 el suiker	aan de kook brengen
30 g sago	erin strooien, ongeveer 15 minuten laten zwellen, de soep van het vuur

5 dl witte wijn — nemen, citroen en kaneel verwijderen toevoegen

de vijgen in reepjes snijden, aan de soep toevoegen, goed gekoeld serveren.

Amandelcrèmesoep

2 uien — pellen en snipperen

30 g boter — verhitten, de uisnippers daarin glazig bakken

100 g gemalen amandelen — toevoegen, kort bakken

5 dl vleesbouillon
1,25 dl slagroom — toevoegen, aan de kook brengen, ongeveer 10 minuten laten koken, de bouillon door een zeef gieten, met

1 dl witte wijn
zout, peper
nootmuskaat — op smaak brengen

2 eierdooiers — met

2 el water — loskloppen, de soep daarmee binden

1,25 dl slagroom — stijfkloppen, voor het serveren op de soep scheppen, met

geroosterde, geschaafde amandelen — bestrooien.

Tip: de soep is goed van tevoren klaar te maken, maar dan pas voor het serveren binden.

Soepen en eenpansgerechten

Stevige groenteschotel

	(Foto boven)
100 g uien	pellen
200 g aardappelen	schillen, wassen
100 g knolselderij	schillen, wassen
	de drie ingrediënten in stukjes snijden
250 g wortelen	schoonmaken, schillen, wassen, in dunne schijfjes snijden
500 g prei	schoonmaken, wassen, in ringen snijden
	van
250 g savooiekool	de buitenste bladeren verwijderen, de stronk eruit snijden, de kool wassen, in reepjes snijden
200 g doorregen spek	in blokjes snijden, in
2 el olie	uitbakken, de groenten toevoegen, smoren, met
zout	
versgemalen witte peper	op smaak brengen
5 dl groente-bouillon (blokje)	erbij gieten, gaar laten stoven
2-3 el boter	in een pan smelten
8 schijven stokbrood	daarin goudgeel bakken
	steeds twee schijven op een soepbord leggen, de hete soep erop gieten.
Kooktijd:	15-30 minuten.
Erbij:	witbrood, grove worst.
Tip:	het gerecht eventueel met gehakte peterselie bestrooid serveren.

Fijne groente-visschotel met saffraanrijst

(Foto rechts, 6 personen)

200 g uien	pellen, in reepjes snijden
200 g knolselderij	schillen, wassen, in dunne schijfjes snijden, met het sap van
1 citroen	besprenkelen
4 teentjes knoflook	pellen, snipperen
60 g margarine	smelten, de groente ongeveer 5 minuten smoren
1 kg prei	schoonmaken, het donkere groen tot op 10 cm wegsnijden, de prei in ringen snijden, goed wassen, door de groente scheppen
1 l kippebouillon (blokje)	toevoegen, aan de kook brengen, ongeveer 5 minuten laten koken
1,5 kg vis (bijv. kabeljauw, roodbaars)	fileren, in hapgrote stukken snijden
6 grote garnalen	pellen, darm verwijderen, onder de koude kraan wassen, met de visstukken en
150 g erwtjes (diepvries)	aan de bouillon toevoegen, aan de kook brengen
1 takje dragon	wassen, aan de bouillon toevoegen, de bouillon afgedekt 8-10 minuten laten trekken
wat verse basilicum ½ bosje peterselie	wassen, droogdeppen, de blaadjes van de stelen halen, grof hakken, met de
geraspte schil van 1 lemmetje (of ½ citroen)	aan de bouillon toevoegen, eventueel met
zout	op smaak brengen
kooktijd:	ongeveer 20 minuten

voor de saffraanrijst

1 rood en 1 groen pepertje	halveren, steel, zaad en zaadlijsten verwijderen, in dunne ringetjes snijden, met
1 draadje saffraan	in
4 dl water	met wat zout aan de kook brengen
200 g rijst	toevoegen, gaar laten koken.

Vleesragoût met Chinese kool

(Foto onder)

250 g rundvlees	
250 g lamsvlees	
250 g varkensvlees	het vlees in kleine blokjes snijden
2-3 el olie	verhitten, de vleesblokjes daarin aanbraden, met
zout, peper	op smaak brengen
1 teentje knoflook	pellen, door de knoflookpers drukken
2 uien	pellen, in ringen snijden beide ingrediënten aan het vlees toevoegen, kort meebakken
2,5 dl water	toevoegen, ongeveer 45 minuten stoven van
1 kg Chinese kool	de lelijke buitenste bladeren verwijderen, de kool halveren, in smalle reepjes snijden, goed wassen, uit laten lekken
2 tomaten	met kokend water begieten, in koud water laten schrikken, ontvellen, de kroontjes wegsnijden, de tomaten doormidden snijden, met de koolreepjes en
1,25 dl water	aan het vlees toevoegen, aan de kook brengen, met zout en peper op smaak brengen, in een goed sluitende pan ongeveer 30 minuten stoven de ragoût voorzichtig omscheppen
1,25 dl witte wijn	toevoegen, het gerecht nog een paar minuten verhitten.
Kooktijd:	ongeveer 1¼ uur.
Erbij:	rijst of aardappelen.

Raapstelen met aardappelen

500 g varkensvlees	in kleine blokjes snijden
750 g schoongemaakte raapstelen	wassen, kleinsnijden
750 g aardappelen	schillen, wassen, in blokjes snijden
40 g boter	verhitten, het vlees daarin aan alle kanten lichtbruin bakken, met
zout	bestrooien, raapstelen, aardappelen,
2,5 dl water	toevoegen, gaar stoven het gerecht met zout op smaak brengen.
Kooktijd:	ongeveer 1½ uur.
Erbij:	volkorenbrood.

Bonte rijstschotel

(Foto rechts)

500 g kalfsschouder (zonder been)	in kleine blokjes snijden
4 el olie	verhitten, het vlees daarin al omscheppend ongeveer 10 minuten braden
1 middelgrote ui	pellen en snipperen, toevoegen, glazig bakken
200 g rijst	met
1 l vleesbouillon (blokje)	toevoegen, aan de kook brengen, in ongeveer 20 minuten gaar laten koken, daarbij af en toe omscheppen
1 gele en 1 rode paprika	halveren, steel, zaad en zaadlijsten verwijderen, paprika wassen, in reepjes snijden
1 courgette	schillen, in schijven snijden
2 el boter	smelten, de groenten daarin ongeveer 15 minuten smoren
ongeveer 20 groene, met paprika gevulde olijven	in schijfjes snijden, aan de groenten toevoegen, meeverhitten de groenten aan de gare rijst toevoegen, erdoor scheppen, met
zout paprikapoeder basilicum tijm	op smaak brengen, meteen serveren.
Kooktijd:	ongeveer 45 minuten.
Erbij:	knoflookbrood.

Bonte groenteschotel met gehaktballetjes

(Foto boven, 6 personen)

500 g soepbenen in
1,5 l water met
wat zout aan de kook brengen, afschuimen, ongeveer 1½ uur laten trekken
375 g aardappelen schillen, wassen, in kleine blokjes snijden
de soepbenen uit de bouillon nemen, de bouillon door een zeef gieten
de aardappelblokjes met
2 pakjes (elk 450 g) soepgroente (diepvries) aan de bouillon toevoegen, met
zout, peper en eventueel met
wat bonekruid
wat tijm
wat majoraan kruiden, ongeveer 15 minuten laten koken

voor de gehaktballetjes

1 witte boterham in koud water weken
1 middelgrote ui pellen en snipperen
375 g gehakt (half om half) met het goed uitgeknepen brood, de uisnippers,
1 ei
mosterd
zout
peper mengen, van het mengsel met natte handen balletjes vormen, toevoegen, in 5-10 minuten gaar laten trekken, het gerecht met
1 el gehakte peterselie bestrooien.
Kooktijd: ongeveer 2 uur.
Variatie: een paar broccoliroosjes meekoken.
Erbij: roggebrood.

Provençaalse erwtensoep

	(Foto onder, 3-4 personen)
1 teentje knoflook	pellen, door de knoflookpers drukken
1 el olijfolie	verhitten, de knoflook daarin bakken
450 g prei à la crème (diepvries)	toevoegen
± 500 g tomaten (uit blik)	met het vocht toevoegen, de tomaten met een vork stukmaken, met
zout peper rozemarijn mespunt suiker cayennepeper	pittig op smaak brengen, het gerecht in een gesloten pan ongeveer 15 minuten zachtjes laten koken, af en toe omscheppen
300 g doperwtjes (diepvries)	toevoegen, nog 5 minuten verhitten, eventueel
1,25 dl vleesbouillon (blokje)	toevoegen
1 l water	met wat zout en
1-2 el azijn	aan de kook brengen, na elkaar 3-4 eieren breken en erin laten glijden, ongeveer 5 minuten pocheren, met een schuimspaan eruit scheppen, uit laten lekken
3-4 witte boterhammen	roosteren, op elk bord 1 boterham leggen, een ei erop leggen, met de soep begieten.

Rundvlees met champignons

500 g runderlappen	in blokjes snijden
100 g doorregen spek	in blokjes snijden, uitbakken het vlees aan alle kanten goed daarin aanbraden, met
zout, peper Provençaalse kruiden	op smaak brengen, van
7,5 dl witte wijn	eerst 2,5 dl toevoegen, ongeveer 1 uur in een gesloten pan laten sudderen
250 g kleine uien	pellen
500 g kleine, ronde aardappeltjes	schillen, wassen, droogdeppen
1 el braadboter	smelten, beide ingrediënten al omscheppend daarin bakken
250 g champignons	schoonmaken, wassen, in vieren snijden, toevoegen, meebakken
1 el suiker	erdoor roeren de groenten aan het vlees toevoegen
4-5 el cognac	erover gieten, aansteken de rest van de wijn toevoegen
1 tl bouillonpoeder	erdoor roeren, met zout, peper op smaak brengen, het gerecht nog ongeveer 30 minuten laten sudderen
1 bosje peterselie	wassen, fijnhakken, over het gerecht strooien.
Kooktijd:	ongeveer 1½ uur.

Erwtensoep met pekelvlees

(Foto rechts)

375 g groene erwten	wassen, in
2 l vleesbouillon (blokje)	12-24 uur weken
1 kg gepekeld varkensvlees (oor, staart)	aan het weekvocht toevoegen en met de erwten aan de kook brengen, bijna gaar laten koken
500 g aardappelen	schillen, wassen, in blokjes snijden
1 bosje soepgroente	schoonmaken, wassen, kleinsnijden
	beide ingrediënten met
zout, peper	aan de soep toevoegen, gaar laten koken
	de soep met zout en eventueel
majoraan	op smaak brengen
	het vlees kleingesneden weer aan de soep toevoegen, eventueel
4 worstjes	toevoegen, meeverhitten
geroosterde broodblokjes	kort voor het serveren over de soep strooien.
Kooktijd:	ongeveer 2 uur.
Variatie:	in plaats van pekelvlees 250 g doorregen spek nemen.

Groentepot

(4-6 personen)

750 g runderlappen	in
1 l kokend water	met wat
zout	aan de kook brengen, afschuimen, ongeveer 1 uur laten koken, bij
1 kg Chinese kool	de lelijke bladeren en de stronk verwijderen, de kool doorsnijden en in dunne reepjes snijden, wassen, uit laten lekken
4 wortelen	schoonmaken, schrappen
2 stengels prei	schoonmaken
1 knolselderij	schillen
500 g aardappelen	schillen
	groenten en aardappelen wassen, kleinsnijden, met de koolreepjes aan het vlees toevoegen, met
zout, peper tijm	op smaak brengen, nog 45 minuten laten koken
	het vlees uit de pan nemen, in blokjes snijden, weer toevoegen, met
2 el tomatenpuree	erdoor roeren
1 bosje peterselie wat dille	wassen, fijnhakken, toevoegen.
Kooktijd:	ongeveer 1½ uur.

Bonen met casselerrib

(Foto rechts)

750 g casselerrib	het vlees ontbenen en in blokjes snijden
125 g uien	pellen en snipperen
3 el olie	verhitten, de vleesblokjes goed daarin aanbraden, de uisnippers aan het vlees toevoegen, kort meebakken
800 g witte bonen (uit blik) 425 g bruine bonen (uit blik)	de ingrediënten aan het vlees toevoegen, met

1,25 dl vleesbouillon (blokje)	aanvullen, aan de kook brengen, afgedekt ongeveer 10 minuten zacht laten koken, met
zout versgemalen peper cayennepeper	op smaak brengen.
Kooktijd:	15-20 minuten
1 bosje peterselie 1 bosje bieslook	beide ingrediënten voorzichtig wassen, droogdeppen, fijnhakken, voor het serveren over het bonengerecht strooi-en.

Spitskool met tomaten

1 kg spitskool, (schoongemaakt gewogen)	wassen, in fijne reepjes snijden
750 g aardappelen	schillen, wassen, in blokjes snijden
500 g tomaten	met kokend water begieten, in koud water laten schrikken, ontvellen, de kroontjes wegsnijden, tomaten in stukjes snijden
60 g boter of reuzel	smelten, koolreepjes, aardappelblokjes en
3,75 dl heet water	toevoegen, met
zout, peper	op smaak brengen, aan de kook bren-gen, gaar laten koken
	voor de vleesballetjes
1 boterham	in koud water weken, goed uitknijpen
1 kleine ui	pellen en snipperen
250 g gehakt (half om half)	met het brood en de uisnippers mengen
1 ei	erdoor kneden, met zout, peper op smaak brengen, van het gehaktmengsel ongeveer 20 balletjes maken, deze samen met de tomaatstukjes ongeveer 20 minuten voor het einde van de kooktijd aan het gerecht toevoegen het gerecht nog met zout op smaak brengen, eventueel nog wat water toevoegen.
Kooktijd:	ongeveer 1 uur.

Rode linzen met casseler

(Foto boven, in de römertopf)

500 g rode linzen	wassen, 12 uur in
7,5 dl koud water	weken, met
2,5 dl vleesbouillon (blokje)	
4 el tomatenpuree	in de geweekte römertopf leggen, even roeren
750 g casselerrib (zonder been)	op de linzen leggen, het deksel erop leggen, op het rooster in de oven zetten de linzen tijdens het gaar worden een keer omscheppen de gare linzen eventueel met
tabasco	op smaak brengen, of
kleingenseden pepertjes (uit een pot)	erdoor roeren.
Oven op:	200-225 graden
Baktijd:	ongeveer 45 minuten.
Erbij:	gekookte aardappelen.

Casselerrib met peren

100 g doorregen spek	in dobbelsteentjes snijden, in een braadpan of ovenschaal uitbakken
2 uien	pellen, in ringen snijden, in het spekvet glazig bakken
750 g wortelen	schoonmaken, schillen, wassen
750 g aardappelen	schillen, wassen
750 g peren	schillen, halveren, klokhuizen verwijderen de drie ingrediënten in schijfjes snijden afwisselend in lagen op de uien leggen elke laag met
peper	
suiker	en eventueel
zout	bestrooien
4-5 dl hete vleesbouillon (blokje)	toevoegen, afgedekt gaar laten worden, ongeveer 20 minuten voordat het gaar is
4 plakken casselerrib (elk 150 g)	op de groenten leggen, de pan weer sluiten en het gerecht gaar laten worden het gerecht met
gehakte peterselie	bestrooien.
Kooktijd:	ongeveer 50 minuten.

Pichelsteiner

200 g schapevlees	
200 g varkensvlees	in niet te kleine blokjes snijden
250 g wortelen	schoonmaken, schillen
200 g knolselderij	schillen
500 g aardappelen	schillen de drie ingrediënten wassen, in blokjes snijden
250 g prei	schoonmaken, in ringen snijden, wassen
250 g schoongemaakte witte kool	wassen, in reepjes snijden
40 g boter	verhitten, het vlees daar al omscheppend in bakken
2 middelgrote uien	pellen en snipperen kort voor het vlees bruin genoeg is de uien toevoegen, kort meebakken het vlees met
zout	
versgemalen peper	kruiden, groenten, aardappelen en
5 dl vleesbouillon (blokje)	toevoegen, gaar laten stoven het gerecht met zout, peper op smaak brengen.
Kooktijd:	ongeveer 1 uur.

Koolraap met speklapjes

(Foto onder)

500 g speklapjes	in vier dikke plakken snijden
1 koolraap (750-800 g) *500 g aardappelen*	beide ingrediënten schillen, wassen, in blokjes snijden
	de speklapjes in een pan leggen, koolraap- en aardappelblokjes toevoegen, met
zout *peper* *1 tl karwijzaad*	bestrooien
5 dl water	toevoegen, aan de kook brengen, in een goed sluitende pan gaar stoven
	het vlees uit de pan nemen, het gerecht pittig op smaak maken met zout en peper, het vlees weer toevoegen
50 g doorregen spek	in dobbelsteentjes snijden, uitbakken
1 ui	pellen en snipperen, in het spekvet glazig bakken
	het mengsel over het gerecht verdelen.
Kooktijd:	ongeveer 1 uur.

Paprika-zuurkoolschotel

600 g paprika's (± 2 stuks)	schoonmaken, wassen, in reepjes snijden
300 g uien	pellen en snipperen
300 g zuurkool	lostrekken, fijnsnijden
3-4 el olie	verhitten, de uisnippers daarin lichtgeel bakken, paprikareepjes en zuurkool toevoegen, korte tijd meeverhitten
1 l hete vleesbouillon (blokje)	toevoegen, aan de kook brengen
4 verse worstjes	toevoegen, gaar laten koken
1 afgestreken el maizena	door
1 el koud water	roeren, de soep daarmee binden, met
peper, zout	op smaak brengen
200 g gekookte rijst *1,25 dl slagroom*	erdoor roeren.
Kooktijd:	ongeveer 30 minuten.

Witte kool met casselerrib en mergballetjes

(Foto onder, 8 personen)

500 g casselerrib	het vlees van het been snijden
1 hambeen	
3 mergpijpjes (circa 70 g)	beide ingrediënten in
1,5-2 l water	aan de kook brengen, goed afschuimen, de beenderen uit de pan nemen, het merg eruit halen, bewaren, de beenderen weer in de bouillon doen, nog ongeveer 2 uur laten trekken van
1 witte kool (circa 1200 g)	de buitenste bladeren verwijderen, de kool in achten snijden, de stronk wegsnijden, de kool in reepjes snijden, wassen met
½ el karwijzaad	aan de bouillon toevoegen, nog ongeveer 15 minuten zacht laten koken, de beenderen eruit nemen, eventueel het vlees eraf halen, in blokjes snijden, met
1 tl gedroogde majoraan	bestrooien, weer in de pan doen
	voor de mergballetjes het merg met de casselerrib door de fijne schijf van de vleesmolen draaien bij
5 witte boterhammen	korst eraf snijden, het brood verkruimelen, met het gemalen vlees en
2 eieren	
1 tl majoraan	mengen, met
zout	
zwarte peper	op smaak brengen van het mengsel balletjes vormen, deze in de pan doen, nog ongeveer 10 minuten laten sudderen.
Kooktijd	
voor de bouillon:	ongeveer 2¼ uur
voor de balletjes:	ongeveer 10 minuten.

Linzensoep met lamsvlees

(Foto rechts)

375 g linzen	12-24 uur in
1,75 l koud water	weken
500 g lamsschouder	
2 el olie	verhitten, het vlees daarin goed aanbraden
1 bosje soepgroente	
1 stengel peterselie	beide ingrediënten schoonmaken, wassen, kleinsnijden
2 takjes rozemarijn	onder de koude kraan afspoelen, drogdeppen, met de soepgroente en de petserselie,
2 laurierblaadjes	
8-10 witte peperkorrels	aan het vlees toevoegen, even koken de linzen met het weekwater toevoegen, ongeveer 1¼ uur koken
250 wortelen	schoonmaken, schrappen, wassen, in schijfjes snijden
500 g aardappelen	schillen, wassen, in kleine blokjes snijden beide ingrediënten aan de linzen toevoegen de linzensoep met
bouillonpoeder	
zout	
versgemalen peper	pittig op smaak brengen, ongeveer 15 minuten koken
1,25 dl rode wijn	toevoegen, meeverhitten, het vlees uit de pan nemen, in stukjes snijden, weer toevoegen, met
1-2 el gehakte peterselie	bestrooien.
Kooktijd:	ongeveer 1½ uur.
Erbij:	roggebrood.

Sperziebonen met tomaten

(Foto rechts)

375 g schapevlees	in kleine blokjes snijden
250 g tomaten	met kokend water begieten, in koud water laten schrikken, ontvellen, de kroontjes wegsnijden, tomaten in stukken snijden
750 g sperziebonen	afhalen, wassen, in stukjes breken of snijden
500 g aardappelen	schillen, wassen, in blokjes snijden
40 g boter	verhitten, het vlees daarin aanbraden
2 middelgrote uien	pellen en snipperen
	kort voor het vlees bruin genoeg is ui en tomaat toevoegen, kort meeverhitten het vlees met
zout peper	op smaak brengen, bonen, aardappelen,
2,5 dl water	toevoegen, gaar laten stoven, het gerecht met zout op smaak afmaken eventueel met
gehakte peterselie	bestrooien.
Kooktijd:	ongeveer 1¼ uur.

Tuinbonenschotel

375 g schapevlees	in kleine blokjes snijden
750 g aardappelen	schillen, wassen, in blokjes snijden
750 g tuinbonen (2,5-3 kg met peulen) bonekruid	
	beide ingrediënten wassen
40 g boter	verhitten, het vlees daarin aan alle kanten aanbraden, met
zout, peper	op smaak brengen, aardappelen, bonen, bonekruid en
3,75 dl water	toevoegen, gaar laten sudderen.
Kooktijd:	ongeveer 1½ uur.

Aardappelsoep met kippevlees en prei

Ongeveer 1 kg kippepoelet	met
wat zout	in
1,5 l koud water	doen, aan de kook brengen
500 g kippeborstvlees	toevoegen, aan de kook brengen, afschuimen
2 uien	pellen, in vieren snijden
1 bosje soepgroente	schoonmaken, wassen, kleinsnijden
	beide ingrediënten aan het kippevlees toevoegen, aan de kook brengen, ongeveer 1 uur laten koken
	de bouillon door een zeef gieten, het vlees van het bot halen, kleinsnijden
1 kg bloemige aardappelen	schillen, wassen, in blokjes of reepjes snijden, aan de bouillon toevoegen, aan de kook brengen, ongeveer 5 minuten koken
2 stengels prei	schoonmaken, het donkere groen tot op ongeveer 10 cm verwijderen, de prei in schijfjes snijden, goed wassen, toevoegen, alles weer aan de kook brengen, nog 3-5 minuten koken, het kippevlees toevoegen, verhitten, de soep met
zout peper	op smaak brengen
3 el gehakte peterselie	erover strooien.
Kooktijd:	ongeveer 1½ uur.

Preischotel

	(Foto onder)
1 kg prei	schoonmaken, het donkere groen tot op ongeveer 10 cm verwijderen, de prei in de lengte doorsnijden, in ongeveer 1 cm brede reepjes snijden, goed wassen, uit laten lekken
2 wortelen	schoonmaken, schrappen, wassen, in schijfjes snijden
1 knol-selderij	schillen, wassen,
1 ui	pellen
750 g bloemige aardappelen	schillen, wassen
75 g doorregen spek	
	de 4 ingrediënten in blokjes snijden
1 el olie	verhitten, de spekblokjes daarin uitbakken, wortel, selderij en ui daarin bakken
	de aardappelblokjes en
1 l vlees-bouillon	
4 worstjes	toevoegen, aan de kook brengen, ongeveer 10 minuten koken, de prei toevoegen, met
zout	
peper	op smaak brengen
wat vlees-bouillon	toevoegen, aan de kook brengen, 5-7 minuten koken
	de worst uit de pan halen, in plakjes snijden, weer toevoegen, het gerecht met zout en peper op smaak brengen, met
1 el gehakte peterselie	bestrooien.
Kooktijd:	ongeveer 30 minuten.

Bonensoep met rookworst

(Foto boven)

375 g witte bonen	wassen, in
2 l water	12-24 uur weken
250 g rookworst	
250 g gerookte varkensribbetjes	
	beide ingrediënten met de bonen in het weekwater aan de kook brengen, de bonen bijna gaar koken, de gare worst en de ribbetjes uit de pan nemen
500 g aardappelen	schillen, wassen, in blokjes snijden
1 bosje soepgroente	schoonmaken, wassen, kleinsnijden
	beide ingrediënten aan de bonen toevoegen, met
zout, peper	
bonekruid	op smaak brengen, aan de kook brengen, gaar laten koken de soep met zout, peper op smaak brengen de worst en het vlees kleinsnijden, aan de soep toevoegen, met
2 el gehakte peterselie	bestrooien.
Kooktijd:	ongeveer 2 uur.

Groenteschotel met kaasballetjes

(Foto rechts, 4-6 personen)

1 kg kalfsborstvlees	
1 kg kalfsbeenderen (in stukken)	in
3,5 l koud water	aan de kook brengen, afschuimen
½ citroen	wassen,
150-180 g knolselderij	schillen
2 peterseliewortels	schoonmaken, schrappen de groenten wassen, grof verkleinen, met de halve citroen aan het vlees toevoegen de bouillon ongeveer 2 uur in een open pan laten trekken beenderen en vlees eruit nemen het vlees in blokjes snijden, apart houden, de bouillon met
bouillonpoeder	
zout	
peper	op smaak brengen

250 g wortelen schoonmaken, schrappen, wassen, in fijne reepjes snijden
van
250 g bloemkool de bladeren en de slechte plekken verwijderen, de roosjes van de stronk snijden, de roosjes goed wassen
van
250 g koolrabi de blaadjes verwijderen, kleine blaadjes apart houden, koolrabi schillen, wassen, in vieren en in dunne schijfjes snijden

250 g doperwten (± 700 g met peulen) wassen, uit laten lekken
de groenten aan de bouillon toevoegen
van
200 g peultjes de punten afsnijden, de peultjes wassen
1 bosje lente-uitjes (± 250 g) schoonmaken, het donkere groen tot op ongeveer 15 cm afsnijden, de uitjes pellen, met de rest van het groen wassen, in ringen snijden, erwtjes en ui na ongeveer 10 minuten aan de bouillon toevoegen, nog 8-10 minuten laten trekken

voor de kaasballetjes
1,25 dl water met
50 g boter
zout aan de kook brengen
80 g bloem in één keer in de van het vuur genomen vloeistof schudden, tot een gladde bal roeren, al roerend ongeveer 1 minuut verhitten, de pan van het vuur nemen
100 g belegen Goudse kaas grof raspen, erdoor roeren
langzaam
3 eieren erdoor roeren, met
versgemalen peper
nootmuskaat op smaak brengen
water met wat zout aan de kook brengen, uit het mengsel met twee theelepels balletjes steken, in het kokende zoute water leggen, laten trekken, na 5-8 minuten met een schuimspaan eruit scheppen, de balletjes aan de hete soep toevoegen, de soep met de bewaarde koolrabiblaadjes garneren.

Kooktijd voor de bouillon: ongeveer 2¼ uur
voor de balletjes: 5-8 minuten.

Groente-visschotel

(Foto boven)

500 g kabeljauwfilet	met
citroensap	besprenkelen, even laten staan, droog-deppen, met
zout	bestrooien, in niet te kleine stukken snijden
250 g champignons	schoonmaken, wassen, in schijfjes snijden
250 g sperziebonen	afhalen, wassen, in stukjes breken of snijden
375 g aardappelen	schillen, wassen, in blokjes snijden
2 grote uien	pellen, in ringen snijden
50 g boter	smelten, de uiringen daarin glazig bakken, champignons, boontjes, aardap-pel toevoegen, even meebakken, met
zout, peper	op smaak brengen
2,5 dl water	toevoegen, het gerecht ongeveer 25 minuten stoven, dan de vis en
1,25 dl witte wijn	toevoegen, gaar stoven, het gerecht met zout, peper
soeparoma viskruiden	op smaak brengen, met
2 el gehakte peterselie	bestrooien.
Kooktijd:	ongeveer 40 minuten.

Prei-tomatenschotel

150 g door-regen spek	in blokjes snijden
1 grote ui	pellen en snipperen
1 el boter	smelten, spek en de uisnippers daarin glazig bakken
500 g aardappelen	schillen, wassen, in blokjes snijden
1 kg prei (schoongemaakt gewogen)	goed wassen, halveren, in ongeveer 5 cm lange stukken snijden, nogmaals wassen, uit laten lekken, met de aard-appelblokjes aan het spek toevoegen
5 dl hete vleesbouillon	toevoegen, aan de kook brengen, bijna gaar laten koken
4 ontvelde tomaten	in vieren snijden, aan de prei toevoegen
500 g boterham-worst	ontvellen, kleinsnijden, toevoegen, met
½ tl kerriepoeder zout mespuntje paprikapoeder	op smaak brengen, gaar koken.
Kooktijd:	15-20 minuten.

Koolrabischotel

(Foto rechtsonder)

± 1,5 kg koolrabi	schoonmaken, schrappen, wassen, in grove blokjes snijden
350 g uien	pellen, snipperen van

1 kg speklapjes (zonder zwoerd)	een vierde in kleine blokjes snijden
1 el boter	verhitten, de vleesblokjes daarin aanbraden, de koolraap en uisnippers toevoegen, al omscheppend verhitten, met
zout, peper	op smaak brengen
5 dl water	toevoegen, de speklapjes op de groente leggen, aan de kook brengen, afgedekt ongeveer 25 minuten laten stoven, de speklapjes uit de pan halen
750 g bloemige aardappelen	schillen, wassen, in blokjes snijden, aan het gerecht toevoegen, de speklapjes weer erop leggen, afgedekt nog 15 minuten stoven, eventueel nog met zout, peper op smaak brengen.
Kooktijd:	ongeveer 50 minuten.

Pastinaakschotel

(Foto linksonder)

600 g riblappen	in
1 l kokend water	met
wat zout	leggen
1 laurierblad	
4 pimentkorrels	toevoegen, aan de kook brengen, ongeveer 1½ uur koken
500 g aardappelen	schillen, wassen, in blokjes snijden, toevoegen, ongeveer 5 minuten laten koken
750 g pastinaken	schillen, schrappen, wassen, in blokjes snijden, toevoegen, ongeveer 10 minuten koken, met
zout, peper	op smaak brengen, het gerecht met
gehakte dille	
gehakte peterselie	kruiden.
Kooktijd:	ongeveer 1½ uur.

Aardappelsoep met paprika en worst

(Foto rechts)

500 g riblappen	
2-3 mergpijpjes	met
een paar peperkorrels	
zout	in
1,5 l koud water	leggen, aan de kook brengen, afschuimen
1 bosje soepgroente	schoonmaken, wassen, kleinsnijden, toevoegen, aan de kook brengen, 1,5-2 uur laten koken de bouillon door een zeef gieten, het vlees in blokjes snijden, apart houden
1 kg bloemige aardappelen	schillen, wassen, in blokjes snijden
ongeveer 400 g paprika's	halveren, steel, zaad en zaadlijsten verwijderen, paprika's wassen, in reepjes snijden
150 g doorregen spek	in blokjes snijden, uitbakken
4 uien	pellen en snipperen, in het spekvet glazig bakken, de bouillon en de aardappelblokjes toevoegen, aan de kook brengen, ongeveer 5 minuten koken de paprikareepjes toevoegen, aan de kook brengen, in ongeveer 10 minuten gaar laten koken de soep met
zout	
peper	
paprikapoeder	op smaak brengen
4 Weense worstjes	in stukjes snijden, toevoegen, meeverhitten.
Kooktijd:	ongeveer 2 uur.

Aardappelsoep met eireepjes

(Foto boven)

	Voor de eierreepjes
2 eieren	met
1,25 dl koude melk	
zout	
nootmuskaat	loskloppen, in een met
boter	ingevette schaal gieten, met aluminiumfolie afsluiten, in een pan met kokend water zetten, het water goed aan de kook brengen, de pan afsluiten, het water niet meer laten koken, het eiermengsel in ongeveer 30 minuten laten stollen, uit de schaal storten, in reepjes snijden
	voor de aardappelsoep
25 g doorregen spek	in blokjes snijden
1 el boter	verhitten, de spekblokjes daarin uitbakken
1 bosje soepgroente	schoonmaken, wassen, kleinsnijden, in het spekvet verhitten
1,25 l vleesbouillon	toevoegen, aan de kook brengen
1 kg bloemige aardappelen	schillen, wassen, in blokjes snijden, aan de bouillon toevoegen, aan de kook brengen, in 12-15 minuten gaar laten koken aardappel en soepgroente pureren met
1 eierdooier	met
1,25 dl slagroom	loskloppen, de soep daarmee binden, met

zout, peper	op smaak brengen
	de eireepjes aan de soep toevoegen, verhitten
3 el tuinkers	over de soep strooien.
Kooktijd	
voor de eireepjes:	ongeveer 30 minuten
voor de soep:	20-25 minuten.

Aardappelsoep met tomaten

(Foto boven)

2 uien	pellen en snipperen
1 bosje soepgroente	schoonmaken, wassen, kleinsnijden
2 el boter	smelten, beide ingrediënten daarin smoren
1,25.l vlees-bouillon	toevoegen, aan de kook brengen
1 kg bloemige aardappelen	schillen, wassen, in kleine blokjes snijden, toevoegen, aan de kook brengen, in 12-15 minuten laten koken aardappel en groente pureren
1 bekertje zure room	door de soep roeren
1 el gehakte basilicum-blaadjes	
2 el fijn-gesneden bieslook	toevoegen
400 g tomaten	met kokend water begieten, in koud water laten schrikken, ontvellen, de kroontjes wegsnijden, de kern verwijderen, tomaten in stukjes snijden, aan de soep toevoegen, verhitten, de soep met
zout	
peper	op smaak brengen.
Kooktijd:	ongeveer 35 minuten.
Erbij:	katenspek.

Aardappelsoep met boterhamworst

(Foto blz. 72/73)

500 g riblappen	met
een paar pimentkorrels	
2 kleine laurierblaadjes	
zout	in
1,5 l koud water	aan de kook brengen, afschuimen
1 bosje soepgroente	schoonmaken, wassen, kleinsnijden, toevoegen, aan de kook brengen, 1,5-2 uur laten koken, de bouillon door een zeef gieten, het vlees in blokjes snijden, met de soepgroente apart houden
1 kg bloemige aardappelen	schillen, wassen, in blokjes snijden, de bouillon aan de kook brengen, de aardappelblokjes,
1 el gehakte majoraan-blaadjes	toevoegen, aan de kook brengen, in 12-15 minuten gaar laten koken ongeveer ⅓ van de aardappelblokjes met een schuimspaan eruit scheppen, de soepgroente met de rest van de aardappelblokjes pureren, vlees- en aardappelblokjes weer aan de soep toevoegen, verhitten
300-375 g boterhamworst	ontvellen, in plakjes snijden
1 teentje knoflook	pellen en fijnsnipperen
1-2 el boter	verhitten, knoflook erin fruiten, de plakjes worst daarin aan beide kanten bakken, aan de soep toevoegen, met
zout, peper	op smaak brengen, met
gehakte peterselie	bestrooien.
Kooktijd:	ongeveer 2 uur.

Linzensoep met krabbetjes

(Foto rechts)

350 g linzen	wassen, in
1,5 l vlees-bouillon (blokje)	12-24 uur weken
500 g krabbetjes	toevoegen, in het weekwater aan de kook brengen, bijna gaar koken
500 g aardappelen	schillen, wassen, in blokjes snijden
1 bosje soepgroente	schoonmaken, wassen, kleinsnijden
zout, peper tijm	de ingrediënten aan de linzen toevoegen, gaar laten koken, de soep eventueel nogmaals op smaak brengen (om de soep smeuïg te maken een deel van de aardappelen pureren)

	de krabbetjes apart geven of het vlees kleingesneden aan de soep toevoegen, de soep met
gehakte peterselie	bestrooien.
Kooktijd:	ongeveer 1½ uur.

Pot au feu

(Foto onder)

3-4 afgestreken el bouillonpoeder	in
1,5 l kokend water	strooien
375 g rundvlees	
½ schoongemaakte soepkip (circa 500 g)	
	beide ingrediënten aan de bouillon toevoegen, aan de kook brengen, 1-1½ uur laten koken
½ bloemkool	schoonmaken, wassen, in roosjes snijden
2 wortelen	schoonmaken, schrappen, wassen
½ knolselderij	schillen, wassen, met de wortelen in stukjes snijden
1 ui	pellen en snipperen
2 aardappelen	schillen, wassen, met
2 ontvelde tomaten	in blokjes snijden
nootmuskaat	
basilicum	
majoraan	
zout	
aroma	
	de groenten met de kruiden aan het vlees toevoegen, nog ongeveer 20 minuten koken
	het vlees uit de soep nemen, het kippevlees van het been halen, met het rundvlees in blokjes snijden, aan de soep toevoegen, de soep eventueel met zout of aroma op smaak brengen, met
gehakte peterselie	bestrooien.
Kooktijd:	ongeveer 1½ uur.

Maisschotel

(Foto links)

500 g goelasjvlees (half rund- half varkensvlees)	in
40 g boter	aanbraden
1 ui	pellen, snipperen
1 rode en 1 groene paprika	halveren, steel, zaad en zaadlijsten verwijderen, paprika wassen, in fijne reepjes snijden ui en paprika aan het vlees toevoegen, mee laten smoren, met
zout, peper cayenne-peper	op smaak brengen
2,5 dl water	toevoegen, gaar laten stoven
300 g erwtjes (diepvries)	en
275 g mais (uit blik)	met het vocht kort voor het einde van de kooktijd aan het vlees toevoegen, 5-6 minuten meeverhitten, het gerecht met zout, peper op smaak brengen, met
2 el gehakte peterselie	bestrooien.
Kooktijd:	1-1½ uur.
Erbij:	kleine warme broodjes.

Witte bonen met wortelen

(Foto blz. 52/53)

100 g witte bonen	wassen, in
7,5 dl water	12-24 uur weken, in het weekwater aan de kook brengen, in ongeveer 1 uur gaar laten koken
375 g speklapjes	in kleine blokjes snijden
1 kg winterwortelen	schoonmaken, schrappen
500 g aardappelen	schillen, beide ingrediënten wassen, in kleine blokjes snijden
250 g appels	schillen, klokhuizen verwijderen, in schijfjes snijden
40 g boter	verhitten, het vlees daarin aan alle kanten lichtbruin bakken
2 uien	pellen en snipperen kort voor het vlees bruin genoeg is de uien toevoegen, kort meebakken, het vlees met
peper, zout	op smaak brengen, wortelen, aardappelen, appels en
3,75 dl water	toevoegen, in 45-60 minuten gaar laten stoven de bonen (zonder het vocht) erdoor scheppen, met
2 el gehakte peterselie	bestrooien.
Kooktijd:	ongeveer 2 uur.
Variatie:	in plaats van speklapjes rundvlees nemen.

Rundvleesschotel met koolraap en appel

(Foto onder, 6-8 personen)

1,5 kg runderborstvlees	ontbenen en het vet zoveel mogelijk wegsnijden
60 g vet spek	in dobbelsteentjes snijden, goudbruin uitbakken
50 g suiker	erover strooien, laten karameliseren
750 g uien	pellen, in stukken snijden
750 g koolraap	schillen, wassen, in blokjes snijden beide ingrediënten in het spekvet bakken, met
zout ½ tl majoraan	op smaak brengen het vlees in blokjes snijden, met de beenderen op de groente leggen, met zout,
peper	bestrooien
2 el mosterdzaad	in de vijzel stukstoten, over het vlees strooien
750 g aardappelen	schillen, wassen, in achten snijden, over het vlees verdelen, met
zout 1 tl karwijzaad	bestrooien
1 kg appels	schillen, wassen, klokhuizen eruit snijden, de appels in schijven snijden, over de aardappelen verdelen na 10 minuten kooktijd
3,75 dl water	toevoegen, ongeveer 1½ uur afgedekt laten stoven de beenderen uit de pan nemen, de groenten mengen, met zout, peper, majoraan, karwijzaad op smaak brengen.
Kooktijd:	ongeveer 2 uur.

Vegetarische schotel

	(Foto onder)
250 g wortelen	schoonmaken, schrappen
500 g aardappelen	schillen
	beide ingrediënten wassen, in blokjes snijden
250 g sperziebonen	afhalen, wassen, in stukjes breken of snijden
250 g tomaten	met kokend water begieten, in koud water laten schrikken, ontvellen, de kroontjes wegsnijden, in vieren snijden
250 g bloemkool	schillen, wassen, in roosjes snijden van
250 g spruitjes	de lelijke buitenste blaadjes verwijderen, iets van de stronkjes afsnijden, de spruitjes wassen
2 middelgrote uien	pellen en snipperen
50 g boter	smelten, ui, wortel, aardappel en spruitjes daar ongeveer 5 minuten in bakken, met
zout, peper	bestrooien
3,75 dl groentebouillon (blokje)	toevoegen, het gerecht laten stoven, na ongeveer 10 minuten boontjes, tomaten en bloemkool toevoegen, gaar laten stoven, het gerecht met zout, peper op smaak brengen, met
2 el gehakte peterselie	bestrooien.
Kooktijd:	ongeveer 30 minuten.

Witte-koolschotel

500 g rundvlees	in blokjes snijden
1 kg witte kool (schoongemaakt gewogen)	wassen, kleinsnijden
500 g aardappelen	schillen, wassen, in blokjes snijden
250 g worteltjes	schoonmaken, schrappen, wassen, in reepjes snijden
40 g boter	verhitten, het vlees aan alle kanten daarin lichtbruin bakken
2 middelgrote uien	pellen en snipperen
	kort voor het vlees bruin genoeg is de uisnippers toevoegen, kort meebakken het vlees met
zout *peper*	op smaak brengen
1 tl karwijzaad *5 dl water*	toevoegen, ongeveer 45 minuten stoven, kool, aardappel en wortel toevoegen, nog 20 minuten stoven, het gerecht met zout op smaak brengen.
Stooftijd:	ongeveer 1½ uur.

Erwtensoep met spek

375 g groene erwten	wassen, in
2 l vleesbouillon	12-24 uur weken
375 g varkensschouder	met de erwten in het weekwater aan de kook brengen
	bijna gaar laten koken
500 g aardappelen	schillen, wassen, in blokjes snijden
1 bosje soepgroente	schoonmaken, wassen, kleinsnijden
zout *versgemalen peper*	
	de ingrediënten aan de erwtensoep toevoegen, gaar laten koken
	de soep met zout en eventueel
majoraan	op smaak brengen
	het vlees in blokjes snijden, weer toevoegen
2 middelgrote uien	pellen
75 g doorregen spek	
	beide ingrediënten in kleine blokjes snijden, het spek uitbakken, de uisnippers daarin goudgeel bakken, aan de soep toevoegen.
Kooktijd:	ongeveer 2 uur.
Erbij:	roggebrood.

Bonte wortelschotel

(Foto boven)

100 g witte bonen	wassen, in
7,5 dl water	12-24 uur weken
250 g speklapjes	
500 g magere riblappen	
	de speklapjes in blokjes snijden
1 kg winter-wortelen	schoonmaken, schrappen
500 g aardappelen	schillen
100 g knolselderij	schillen
	de drie ingrediënten wassen, in kleine stukjes snijden
250 g appels	schillen, klokhuis verwijderen, in schijfjes snijden
2 el boter	verhitten, het vlees daarin aan alle kanten bruinbakken
2 middel-grote uien	pellen, snipperen
	kort voor het vlees bruin genoeg is de uisnippers toevoegen, meebakken
	het vlees met
zout	
peper	op smaak brengen, het bonenweekwater met water tot 7,5 dl aanvullen, toevoegen
	de witte bonen toevoegen, aan de kook brengen, ongeveer 30 minuten laten koken, stukjes wortel, aardappel en selderij toevoegen, aan de kook brengen, nog ongeveer 15 minuten laten koken
	de appelstukjes toevoegen, nog 10 minuten laten koken
	het rundvlees eruit halen, in blokjes snijden, weer in de pan doen, verhitten
	het gerecht met zout, peper op smaak brengen
2 el gemengde kruiden (peterselie, kervel)	erdoor roeren.
Kooktijd:	ongeveer 1 uur.

Konijn met linzen en paddestoelen

	(Foto links)
1 konijnerug (circa 600 g)	in vier delen snijden
4 konijnebouten (circa 1 kg)	
	het vlees inwrijven met
zout	
peper	
200 g doorregen spek	in plakjes
30 g boter	verhitten, de spekplakjes daarin uitbakken, uit de pan halen, apart leggen het vlees in gedeelten goudbruin daarin aanbraden, met
1 tl tijm	kruiden
0,4 dl calvados of cognac	toevoegen
250 g linzen	toevoegen, kort meebakken
1 l hete vleesbouillon (blokje)	toevoegen, in een gesloten pan aan de kook brengen, ongeveer 1 uur zacht laten koken, af en toe omscheppen
250 g cantharellen	schoonmaken, wassen, de grotere paddestoelen eventueel halveren of in vieren snijden, uit laten lekken
1 el boter	verhitten, de paddestoelen toevoegen, bakken, met
zout	
peper	bestrooien
2 teentjes knoflook	pellen en snipperen, toevoegen
1 el sherry-azijn	
1,25 dl rode wijn	toevoegen paddestoelen en spekplakjes de laatste 15 minuten in de pan meeverhitten het gerecht 3-5 minuten laten inkoken, met zout, peper,
1 tl tijm	op smaak brengen.
Kooktijd:	ongeveer 1 uur.
Erbij:	stokbrood.
Tip:	in plaats van sherryazijn kan ook wittewijnazijn met sherry gebruikt worden.

Koolraap met uien

375 g speklapjes	in kleine blokjes snijden
1 kg koolraap	schillen, wassen, in reepjes snijden
750 g aardappelen	schillen, wassen, in blokjes snijden
40 g boter	verhitten, het vlees aan alle kanten lichtbruin bakken
2 middelgrote uien	pellen en snipperen kort voor het vlees bruin genoeg is de uisnippers toevoegen kort meebakken, het vlees met
zout, peper	op smaak brengen, koolraap, aardappel en
5 dl water	toevoegen, gaar laten stoven het gerecht nogmaals met zout, peper op smaak brengen, met
1 el gehakte peterselie	bestrooien.
Kooktijd:	ongeveer 1 uur.

Aardappelsoep met rookworst

	(Foto onder)
2 middelgrote uien	pellen, in schijfjes snijden
2 bosjes soepgroente	schoonmaken, wassen, kleinsnijden
80 g boter	verhitten, ui en soepgroente daarin bakken
1,5 l vleesbouillon	toevoegen
1,5 kg aardappelen	schillen, wassen, in blokjes snijden
500 g rookworst	
zout, peper	
wat tijm	
wat lavas	
	de ingrediënten aan het groentevocht toevoegen, aan de kook brengen, gaar laten koken (om de soep smeuïg te maken een deel van de aardappelen fijnstampen) de soep met zout, peper op smaak brengen, met
2 el gehakte peterselie	bestrooien.
Kooktijd:	ongeveer 30 minuten.

Erwtensoep met hamballetjes

(Foto boven)

500 g varkensribbetjes in
1,25 l water met
wat zout aan de kook brengen, 30 minuten laten koken
1 bosje soepgroente schoonmaken, wassen, kleinsnijden
1 kg gedopte erwten
de groenten aan de vleesbouillon toevoegen, aan de kook brengen, 20 minuten laten koken
de soep met
zout
peper
tijm op smaak brengen

voor de hamballetjes
200 g rauwe ham in zeer fijne blokjes snijden
6 beschuiten fijn verkruimelen
hamblokjes en beschuitkruimels met
2 eieren mengen
van het mengsel balletjes vormen, aan de soep toevoegen, 15 minuten laten trekken.
Kooktijd: ongeveer 1 uur.

Rundvlees met sperziebonen

375 g rundvlees in blokjes snijden
1 kg sperziebonen afhalen, wassen, in kleine stukjes snijden of breken
750 g aardappelen schillen, wassen, kleinsnijden
40 g boter verhitten, het vlees daarin aan alle kanten lichtbruin bakken
1 bosje soepgroente schoonmaken, wassen, kleinsnijden
1 middelgrote ui pellen en snipperen
kort voor het vlees bruin genoeg is de uisnippers en de soepgroente toevoegen, kort meebakken, met
zout
peper
bonekruid op smaak brengen, bonen, aardappelen,
5 dl water toevoegen, gaar laten stoven, het gerecht eventueel nog met zout op smaak brengen.
Kooktijd: ongeveer 1¼ uur.
Variatie: 250 g gewassen, kleingesneden tomaten met het vlees en de ui in de boter bakken, maar dan slechts 2,5 dl water toevoegen.

Savooiekool met spek

Van
1 savooiekool (circa 1 kg) de buitenste bladeren verwijderen, de kool in achten snijden, de stronk eruit snijden, de kool wassen, in reepjes snijden
2-3 middelgrote uien (circa 125 g) pellen, in ringen snijden
de bodem van een ovenschaal met
150 g ontbijtspek in plakjes bekleden, de uiringen daarop leggen, ongeveer 10 minuten bakken
500 g magere riblappen in 4 porties snijden, met de kool in de schaal leggen, met
zout, peper bestrooien
1,25 dl water toevoegen, de schaal met een deksel of aluminiumfolie sluiten, op het rooster in de voorverwarmde oven zetten.
Oven op: 200-225 graden
Baktijd: ongeveer 1½ uur.

Tuinbonen met wortelen

(Foto rechts)

500 g schoongemaakte tuinbonen (circa 2 kg met peulen) wassen
375 g jonge wortelen schoonmaken, schrappen, wassen, in schijfjes snijden
375 g aardappelen schillen, wassen, in blokjes snijden
1 ui pellen en snipperen
12 salieblaadjes afspoelen, droogdeppen, fijnhakken

2 el boter	verhitten
75 g doorregen spek	in fijne dobbelsteentjes snijden, in de boter uitbakken tuinbonen, wortelschijfjes, aardappelblokjes, uisnippers, de helft van de salieblaadjes aan het spekvet toevoegen, even bakken, met
zout	
peper	
suiker	op smaak brengen
1,25 dl water	toevoegen, de groente in ongeveer 15 minuten gaar stoven
4 el slagroom	erdoor roeren, de rest van de salie erover strooien.
Kooktijd:	ongeveer 30 minuten. Dit gerecht bij braadworst of karbonades serveren.

Groenteschotel met kwarksaus

	(Foto boven)
1 grote ui	pellen, in schijven snijden, van
4 courgettes	de punten afsnijden, de courgettes wassen, afdrogen, in schijven snijden
2 paprika's (rood en groen)	halveren, steel, zaad en zaadlijsten verwijderen, paprika wassen, in stukken snijden
2 grote tomaten	wassen, afdrogen, de kroontjes wegsnijden, tomaten in plakjes snijden de vier ingrediënten in een grote vlakke kookpan rangschikken, daarbij elke laag met
zout, peper Provençaalse kruiden	bestrooien
6 el vruchten-azijn	met
5 el olijfolie	erover gieten, de groenten een in gesloten pan op zeer laag vuur in ongeveer 40 minuten gaar stoven (niet roeren)
1 schaaltje kwark	met
1 uitgeperst teentje knoflook	
2 eieren	goed mengen, met
zout	
peper	op smaak brengen, 5 minuten voor het einde van de stooftijd over de groenten gieten, afgedekt laten stollen
2 el gehakte peterselie	erover strooien.
Erbij:	stokbrood.

Koolsoep

	(6-8 personen)
100 g witte bonen	wassen, in
5 dl water	12-24 uur weken, met
500 g mager doorregen spek	in
1 l water	aan de kook brengen, ongeveer 1 uur laten koken, van
1 savooiekool (ongeveer 1,5 kg)	de buitenste bladeren verwijderen, de kool in vieren snijden, de stronk weg-

snijden, de kool wassen, in repen snijden

3 uien pellen, in schijven snijden

2-4 teentjes knoflook pellen, door de pers drukken

circa 100 g winterwortelen
2 peterseliewortels beide ingrediënten schoonmaken, schrappen, wassen, in schijfjes snijden

2 stengels prei (circa 250 g) schoonmaken, de prei met een deel van het groen in schijfjes snijden, goed wassen

de geweekte bonen met het weekwater aan de spekbouillon toevoegen

de schoongemaakte groenten toevoegen, aan de kook brengen, 20-25 laten koken

2 takjes tijm
2 takjes majoraan
2-3 stengels peterselie
2-3 blaadjes selderij de kruiden afspoelen, aan de soep toevoegen

2-3 laurierblaadjes aan de soep toevoegen

500 g bloemige aardappelen schillen, wassen, in blokjes snijden

500 g cabanossi (knoflookworst) een paar keer inprikken, met de aardappelblokjes toevoegen, nog 15-20 minuten laten koken

het spek en de worst uit de soep halen

het spek in blokjes, de worst in schijfjes snijden

spek en worst weer aan de soep toevoegen, verhitten, de soep met

zout
versgemalen peper op smaak brengen.

Kooktijd: ongeveer 100 minuten.

Erbij: volkorenbrood.

Cabanossi is een grove kookworst die gemaakt wordt van rundvlees en varkensvlees; doordat de worst gerookt wordt, is ze ook enige tijd ongekoeld houdbaar.

Bonenschotel met lamsvlees en tomaten

(Foto rechts)

250 g witte bonen 12-24 uur in

1 l koud water weken, in het weekwater aan de kook brengen, afschuimen

in een gesloten pan op een laag vuur ongeveer 35 minuten laten koken

750 g lamsschouder ontbenen, het vlees in blokjes snijden

250 g uien pellen, grof snipperen

1 tl gedroogde rozemarijn in de vijzel wat fijnwrijven

4 el olie in een pan verhitten, de blokjes lamsvlees daarin goed aanbraden, uisnippers en rozemarijn toevoegen, meebakken, met

zout
peper op smaak brengen, langzaam

het bonenkookwater toevoegen

2 teentjes knoflook pellen, uitpersen, over het vlees strooien, in een gesloten pan nog 15 minuten stoven

de uitgelekte bonen,

circa 500 g tomaten (uit blik) met het vocht toevoegen (tomaten wat fijndrukken), met

cayennepeper kruiden, in een gesloten pan ongeveer 1 uur laten stoven

1 teentje knoflook pellen, door de pers drukken, erdoor roeren, het gerecht met zout op smaak brengen.

Kooktijd: ongeveer 1½ uur.

Erbij: sla, stokbrood.

Kalfsborst met worteltjes en spinazie

(Foto boven, 6-8 personen)

1,5 kg licht gepekelde kalfsborst in
1,5 l water leggen, aan de kook brengen, afschuimen, ongeveer 1½ uur in een open pan laten sudderen, het vlees na 30 minuten omdraaien

700 g worteltjes
750 g witte raapjes
beide ingrediënten schoonmaken, schrappen, wassen, in schijven snijden

375 g uien pellen, in de lengte halveren, in repen snijden
de drie groenten na ongeveer 1 uur kooktijd aan de bouillon toevoegen, op een laag vuur 30 minuten laten koken
het vlees uit de pan nemen, been, vet en zenen verwijderen, het vlees in blokjes snijden

1 kg vastkokende aardappelen schillen, wassen, grof raspen, met
250 g spinazie (diepvries) aan de bouillon toevoegen, van
1 bosje peterselie de blaadjes afhalen, wassen, voorzichtig erdoor roeren, met

zout	
suiker	
versgemalen witte peper	
1-2 tl mosterd-poeder	op smaak brengen
	de vleesblokjes weer toevoegen, nog ongeveer 30 minuten laten sudderen
1,25 dl slagroom	halfstijf kloppen, met
1 bekertje crème fraîche	
3 el geraspte mierikswortel	mengen
	deze saus apart bij het gerecht geven.
Kooktijd:	ongeveer 2½ uur.

Sperziebonen met schapevlees

(Foto onder)

1,25 kg schapebout	het vlees van het been halen en in blokjes snijden
2-3 el braadboter	verhitten, de vleesblokjes daarin aan alle kanten aanbraden, met
zout, peper	bestrooien
300 g kleine uien	pellen, halveren
2 teentjes knoflook	pellen, snipperen
	beide ingrediënten aan het vlees toevoegen, meebakken
5 dl water	toevoegen, ongeveer 30 minuten stoven
750 g sperzie-bonen	afhalen, wassen, in stukjes breken of snijden
500 g aardappelen	schillen, wassen, in achten snijden
2 grote groene paprika's	halveren, steel, zaad en zaadlijsten verwijderen, paprika wassen, in reepjes snijden
	de drie ingrediënten aan het vlees toevoegen
2-3 takjes bonekruid	afspoelen, met
5 dl water	toevoegen, aan de kook brengen, het gerecht met deksel erop in 30-45 minuten gaar laten stoven, met zout, peper op smaak brengen, met
gehakte peterselie	bestrooien.
Kooktijd:	ongeveer 1¼ uur.

Savooiekool met worst

(Foto links)

750 g savooiekool (schoongemaakt)	wassen, in fijne reepjes snijden
375 g aardappelen	schillen, wassen, in blokjes snijden
1 middelgrote ui	pellen en snipperen
50 g reuzel	smelten, de uisnippers daarin bakken tot ze lichtgeel zijn, de kool toevoegen, korte tijd meeverhitten, met
zout versgemalen peper	op smaak brengen, de aardappelen toevoegen
1 metworst	onder de koude kraan afspoelen, met
2,5 dl water	toevoegen, gaar laten stoven, met zout, peper op smaak brengen de worst in plakjes snijden, weer toevoegen.
Kooktijd:	ongeveer 30 minuten.
Erbij:	volkorenbrood.

Zomerse uienschotel

(In de römertopf, foto onder)

500 g uien	pellen
500 g worteltjes	schillen, schrappen, wassen
500 g aardappelen	schillen, wassen
	de drie ingrediënten in schijfjes snijden
375 g gehakt (half om half)	met
zout peper	op smaak brengen, met de groenten afwisselend in laagjes in de in water geweekte römertopf leggen, de groentelagen met zout bestrooien
5 dl vleesbouillon (blokje)	erbij gieten, de römertopf met deksel erop in de oven zetten wanneer het gerecht gaar is met
gehakte peterselie	bestrooien.
Oven op:	200-225 graden
Baktijd:	ongeveer 1¼ uur.

Pompoenschotel

500 g rundvlees	
1 bosje soepgroente	schoonmaken, wassen, met het vlees en
wat zout	aan
1,25 l water	toevoegen, aan de kook brengen, afschuimen, ongeveer 1 uur laten koken, het vlees uit de pan nemen, in blokjes snijden, de bouillon door een zeef gieten, 1 l daarvan afmeten
1 kg pompoen	schillen, de kern er met een lepel uitschrapen, het pompoenvlees in kleine blokjes snijden
3 uien	pellen, in schijven snijden
3 el olie	verhitten, de uischijven daarin glazig bakken, pompoenblokjes toevoegen, ongeveer 5 minuten meebakken
500 g tomaten	met kokend water begieten, in koud water laten schrikken, ontvellen, de kroontjes wegsnijden, tomaten halveren, met de afgemeten bouillon, de blokjes rundvlees,
2 el gehakte basilicumblaadjes	aan de pompoen toevoegen, ongeveer 5 minuten koken, met
zout versgemalen peper	op smaak brengen, eventueel met
azijn of citroensap	op smaak brengen.
Erbij:	volkorenbrood.

Boerenkool met vlees en worst

	(Foto boven)
	Van
1,5 kg boerenkool	de lelijke bladeren en de bladnerven verwijderen, de kool goed wassen, met
wat zout	in
kokend water	doen, aan de kook brengen, 1-2 minuten koken, uit laten lekken, grof hakken
500 g koteletten (aan één stuk)	met
250 g speklapjes	in een grote pan doen
1 ui	pellen en snipperen, samen met de kool en
2 worstjes	aan het vlees toevoegen
3,75 dl water	toevoegen, met
zout	
peper	op smaak brengen, aan de kook brengen, in een goed gesloten pan gaar stoven het vlees eruit nemen, in plakken snijden, met speklapjes en worstjes op een voorverwarmde schaal leggen, warm houden de boerenkool met
zout	
peper	op smaak brengen, op de schaal leggen.
Kooktijd:	ongeveer 1 uur.
Erbij:	gebakken aardappelen.

Bonte groente-vleesschotel met bonekruid

	(Foto rechts)
500 g goelasj-vlees (half rund-, half varkens-vlees)	in ongeveer 1,5 cm grote blokjes snijden
3 el olie	verhitten, de vleesblokjes daarin ongeveer 10 minuten aanbraden
2 grote uien	pellen en snipperen, toevoegen, meebakken het vlees met
zout	
peper	

paprikapoeder	op smaak brengen
7,5 dl water	toevoegen, roeren, het vlees aan de kook brengen
500 g bloemige aardappelen	schillen, wassen, in blokjes snijden
500 g sperziebonen	afhalen, wassen, in stukjes snijden of breken
1 kleine rode paprika	halveren, steel, zaad en zaadlijsten verwijderen, paprika wassen, in reepjes snijden
3-4 takjes bonekruid	afspoelen, droogdeppen
250 g champignons	schoonborstelen, in stukjes snijden wanneer het vlees ongeveer 30 minuten heeft gekookt de aardappelblokjes toevoegen, aan de kook brengen, ongeveer 5 minuten laten koken boontjes, paprikareepjes en bonekruid aan het gerecht toevoegen, aan de kook brengen, ongeveer 10 minuten laten koken de champignonstukjes toevoegen, aan de kook brengen, 2-3 minuten mee laten koken
250 g tomaten	met kokend water begieten, in koud water laten schrikken, ontvellen, de kroontjes wegsnijden, de tomaten in vieren snijden, toevoegen, meeverhitten, het gerecht met zout, peper, paprikapoeder op smaak brengen, met
2 el gehakte peterselie	bestrooien.
Kooktijd:	ongeveer 1 uur.

Schlesische aardappelsoep

(Foto boven)

1 ui	pellen, snipperen
75 g doorregen spek	in dobbelsteentjes snijden
2-3 el olie	verhitten, ui- en spekblokjes daarin bakken
½ knolselderij	schillen, wassen, kleinsnijden
1 stengel prei	goed wassen, in ringen snijden
500 g aardappelen	schillen, wassen, in blokjes snijden de groenten en aardappelen aan het spekmengsel toevoegen, meebakken
1 l water	toevoegen
3 afgestreken el bouillonpoeder	erdoor roeren, aan de kook brengen, gaar laten koken
2 knoflookworstjes	
2-3 augurken	beide ingrediënten in schijfjes snijden, kort voor het gerecht gaar is toevoegen, meeverhitten.
Kooktijd:	ongeveer 35 minuten.
Erbij:	stokbrood.

Sure supp un klüten

(Foto rechts)

75-100 g gedroogde vruchten	wassen, in
0,25 l water	12-24 uur weken
1,5 l water	aan de kook brengen
250 g rookvlees of doorregen spek	toevoegen, ongeveer 1 uur koken
250 g bloem	met
1 tl zout	mengen, in een kom zeven
2,5 dl water	met
2-3 el olie	aan de kook brengen, bij de bloem gieten, roeren tot het deeg luchtbelletjes vormt, met twee natte theelepels kleine balletjes eruit steken, in
kokend zout water	doen, aan de kook brengen, in ongeveer 10 minuten gaar laten trekken (water moet slechts licht bewegen)
400-500 g schoongemaakte, kleingesneden groenten (bijv. bloemkool, boontjes, koolrabi, worteltjes, kool, erwtjes) of soepgroente (diepvries)	met de geweekte vruchten aan de soep toevoegen, aan de kook brengen, ongeveer 20 minuten laten koken het vlees uit de soep nemen, in blokjes snijden, met de balletjes weer toevoegen, meeverhitten, met
azijn zout suiker aroma	op smaak brengen de soep met
fijngehakte peterselie	bestrooien.
Kooktijd:	ongeveer 1½ uur.
Erbij:	volkorenbrood.

Hessische soeppan

(Foto links, 2-3 personen)

300 g rundvlees	in dunne plakken snijden, in
2 el verhitte olie	krachtig aanbraden
150 g schoongemaakte prei	wassen, in ringen snijden, met
1 uitgeperst teentje knoflook	aan het vlees toevoegen, bakken, met
zout, peper	bestrooien
3,75 dl water	toevoegen, ongeveer 35 minuten laten stoven
300 g sperziebonen	afhalen, wassen, doormidden breken, met
bonekruid	toevoegen, nog 20 minuten laten stoven
250 g ontvelde tomaten	toevoegen, ongeveer 5 minuten meestoven
60 g gekookte pasta	met
1 el gehakte peterselie	voorzichtig erdoor roeren, het gerecht eventueel nog met zout, peper en
soeparoma	op smaak brengen
Kooktijd:	ongeveer 1¼ uur.

Labskaus

600 g gepekeld rundvlees	in
5 dl kokend water	leggen, aan de kook brengen, gaar laten koken
	van de bouillon 3,75 dl afmeten
5 grote uien	pellen
	beide ingrediënten grof kleinsnijden, door de vleesmolen draaien
75 g boter	smelten, het vlees-uimengsel al roerend 5 minuten daarin verhitten
1 kg gekookte aardappelen	nog heet door de pureeknijper drukken, met
6 el augurkenvocht	
3,75 dl rundvleesbouillon	door het vleesmengsel roeren, al roerend goed door laten koken
	het gerecht met
zout	
nootmuskaat	op smaak brengen.
Kooktijd:	ongeveer 2 uur.
Variatie:	in plaats van rundvlees corned beef gebruiken.
Erbij:	spiegeleieren, ingelegde haring en rode bieten.

Bremer aalsoep

(Foto onder)

1 ui	pellen en snipperen
3-4 el olie	verhitten, de uisnippers daarin glazig bakken
750 g soepgroente (bijv. wortel, prei, koolrabi, boontjes, bloemkool)	schoonmaken, wassen, kleinsnijden, aan de uisnippers toevoegen, mee laten bakken
2 l water	toevoegen
6-7 el vleesbouillon (blokje)	erdoor roeren, aan de kook brengen, ongeveer 15 minuten laten koken
250 g bloem	met
zout	mengen, in een kom zeven
2,5 dl water	met
2-3 el olie	aan de kook brengen, bij de bloem gieten, roeren tot het deeg luchtbelletjes vormt, met twee natte theelepels kleine balletjes hieruit vormen
3 el olie	verhitten
3 el bloem	daarin lichtgeel bakken
	al roerend de soep toevoegen, opletten dat er geen klontjes ontstaan
375 g schoongemaakte groene aal	wassen, afdrogen, vel en graat verwijderen, in stukken snijden, met de balletjes aan de soep toevoegen, aan de kook brengen, nog 20 minuten laten trekken, eventueel de soep met
soeparoma	op smaak brengen, met
gehakte peterselie	bestrooien.
Kooktijd:	ongeveer 40 minuten.

Noorse erwtenschotel

(Foto rechts)

1 ui	pellen
500 g aardappelen	schillen, wassen
1 bosje soepgroente	schillen, wassen de drie ingrediënten in kleine stukjes snijden
2 el reuzel	verhitten, de uisnippers daarin glazig bakken, aardappel en soepgroente toevoegen, meebakken
5 dl vleesbouillon (blokje)	toevoegen
2-4 kleine worsten	toevoegen, aan de kook brengen, ongeveer 10 minuten laten koken
500 g doperwten (uit blik)	met het vocht en
4 Weense worstjes	toevoegen, aan de kook brengen, ongeveer 5 minuten laten koken, met
gehakte peterselie	bestrooien.
Kooktijd:	25-30 minuten.
Tip:	elke portie mengen met wat zuurkool, eventueel met wat crème fraîche serveren.

Rijnlandse gortsoep met pruimen

(Foto onder)

250 g gedroogde pruimen	wassen, in
1,25 l water	12-24 uur weken, in het weekwater aan de kook brengen
3,5 afgestreken el bouillon-poeder	erdoor roeren
100 g parelgort	met
30 g boter	toevoegen, aan de kook brengen, gaar laten koken, de soep met
soeparoma suiker	op smaak brengen
1 eierdooier	met
2 el koud water	loskloppen, de soep daarmee binden.
Kooktijd:	ongeveer 1 uur.

Mockturtlesoep

500 g soepbeen	
500 g kalfs-kopvlees	
5 dl water	met

5 dl azijn	mengen, aan de kook brengen, over het vlees en het soepbeen gieten, uit laten lekken
1 ui	pellen en snipperen
60 g doorregen spek	in kleine blokjes snijden, uitbakken, de uisnippers daarin glazig bakken vlees en been toevoegen, ongeveer 5 minuten rondom aanbraden
2 l heet water *1 laurierblad* *5 jeneverbessen* *5 pimentkorrels* *5 peperkorrels* *zout*	toevoegen, aan de kook brengen, ongeveer 2 uur laten koken
1 bosje soepgroente	schoonmaken, wassen, kleinsnijden, ongeveer 30 minuten voor het einde van de kooktijd aan de soep toevoegen, gaar koken

	vlees en been uit de bouillon nemen, het vlees in ongeveer 0,5 cm grote blokjes snijden, in een schaal doen, met
1,25 dl madeira	begieten, afgedekt laten staan bouillon en soepgroente door een zeef wrijven, 1,25 l daarvan afmeten
50 g boter	smelten
60 g bloem	al roerend daarin verhitten tot het goudbruin is, de bouillon al roerend toevoegen, met
majoraan, tijm, basilicum, salie, pikant paprikapoeder	op smaak brengen, aan de kook brengen, ongeveer 10 minuten laten koken
200 g gekookte champignons	in vieren snijden, met het vlees,
1,25 dl rode wijn	toevoegen, met zout,
cayennepeper	op smaak brengen, serveren.
Kooktijd:	ongeveer 2½ uur.

Zwabische worstsoep

(Foto links)

1 l water	aan de kook brengen
3 afgestreken el bouillon-poeder	erdoor roeren
500 g aardappelen	schillen, wassen, in blokjes snijden, met wat
majoraan	aan de bouillon toevoegen, aan de kook brengen, gaar laten koken
375-500 g verschillende soorten worst (bijv. bloedworst, leverworst, hamworst, rookworst)	in kleine stukjes snijden, toevoegen, kort meeverhitten, met
peper	
aroma	op smaak brengen kort voor het serveren
gefruite uisnippers	over de soep verdelen.
Kooktijd:	15-20 minuten.

Paprikaschotel

250 g door-regen spek	in blokjes snijden
3 el olie	verhitten, de spekblokjes daarin uit-bakken
250 g uien	pellen, halveren, in reepjes snijden, aan het spek toevoegen, glazig bakken
1 kg groene paprika's	halveren, steel, zaad en zaadlijsten verwijderen, paprika wassen, in stukken snijden
1 el paprika-poeder	over het ui-spekmengsel strooien, paprikastukken toevoegen, dit afgedekt ongeveer 20 minuten laten stoven, eventueel wat
water	toevoegen
750 g vlees-tomaten	met kokend water begieten, in koud water laten schrikken, ontvellen, de kroontjes wegsnijden, de tomaten in vieren snijden
1 rook-worst	in schijven snijden, met de stukken tomaat aan de paprika toevoegen, afgedekt nog ongeveer 5 minuten laten stoven, met
zout	
peper	op smaak brengen
4 eieren	goed losroeren, met zout kruiden, het eimengsel op het gerecht gieten, 3 minuten laten stollen.
Kooktijd:	25-30 minuten.

Erwtensoep met worstjes

(Foto onder)

200 g gedroogde erwten	wassen, in
1,5 l water of vleesbouillon	12-25 uur weken, met het weekwater aan de kook brengen, eventueel een stukje
doorregen spek	toevoegen, gaar laten koken
1 bosje soepgroente	schoonmaken, wassen, na ongeveer 1 uur koken aan de soep toevoegen de gare erwten door een zeef wrijven
1 ui	pellen en snipperen
1 el boter	smelten de uisnippers daarin lichtbruin bakken
1 el bloem	toevoegen, kort meeverhitten de erwtenbouillon toevoegen, met een garde doorroeren, opletten dat er geen klontjes ontstaan, aan de kook brengen, ongeveer 15 minuten laten koken, de soep met
zout	
majoraan	
soeparoma	op smaak brengen
4 Weense worstjes	in schijfjes snijden, aan de soep toevoegen, daarin verwarmen de soep met
bieslook	bestrooien.
Kooktijd:	ongeveer 2 uur.
Tip:	de erwtensoep eventueel met gefruite uisnippers serveren. In plaats van met bieslook met gehakte peterselie bestrooien.

Dwars door de tuin

500 g casselerrib	in blokjes van 1-1,5 cm snijden van
1 bosje lente-uitjes	het groen tot op ongeveer 15 cm afsnijden, de uiknolletjes eventueel pellen, in ringetjes snijden, het groen wassen, in ringen snijden
250 g worteltjes	schoonmaken, schrappen, wassen
250 g koolrabi	schillen, wassen van
250 g venkel	de slechte plekken en het groen wegsnijden, de drie groenten in kleine stukjes snijden
30-40 g boter	verhitten, de vleesblokjes daarin bakken de groenten toevoegen, al roerend 4-5 minuten verhitten
500 g aardappelen	schillen, wassen, in blokjes snijden, toevoegen
5 dl vleesbouillon (blokje)	toevoegen, met
peper kruidenzout	op smaak brengen het gerecht in een gesloten pan ongeveer 15 minuten laten stoven
200 g champignons	schoonmaken, wassen, in stukjes snijden, toevoegen, ongeveer 3 minuten meekoken
1 bekertje crème fraîche	erdoor roeren, meeverhitten, het gerecht met peper, kruidenzout op smaak brengen
2 el gehakte dille 1 el gehakte peterselie	erdoor roeren, serveren.
Kooktijd:	20-25 minuten.

Aardappelsoep Westfalen

500 g aardappelen	schillen, wassen, in blokjes snijden
1 stengel prei	schoonmaken, wassen, in ringen snijden de beide ingrediënten in
1 l kokende vleesbouillon	doen, aan de kook brengen, ongeveer 25 minuten laten koken, door een zeef wrijven, de soep met
zout, peper nootmuskaat	op smaak brengen, aan de kook brengen
2,5 dl slagroom	erdoor roeren, aan de kook brengen, even zacht laten koken de soep met
fijn gesneden bieslook	bestrooien en serveren.
Kooktijd:	25-30 minuten.

Sperziebonen met rundvlees

(Foto links)

125 g doorregen spek	in blokjes snijden, in
2 el olie	uitbakken
500 g rundvlees	in kleine blokjes snijden, in het spekvet goed aanbraden
1 ui	pellen en snipperen, toevoegen, met
zout, peper	op smaak brengen
5 dl water	toevoegen, ongeveer 30 minuten laten koken
1 kg sperziebonen	afhalen, wassen, in stukken snijden
500 g aardappelen	schillen, wassen
1 bosje soepgroente	schoonmaken, wassen, beide ingrediënten in blokjes snijden, de 3 ingrediënten met
2,5 dl vleesbouillon (blokje)	aan het vlees toevoegen, ongeveer 15 minuten koken
1-2 peren	schillen, in achten snijden, de kern verwijderen, toevoegen, ongeveer 3 minuten meekoken het gerecht met zout, peper op smaak brengen.
Kooktijd:	ongeveer 1 uur.

Gekruide rundvleesschotel

(Foto rechts)

250 g uien	pellen, in vieren snijden, in reepjes snijden
1 el reuzel	smelten, de uireepjes daarin afgedekt glazig bakken, uit de pan nemen
750 g rundvlees	in 1 cm dikke blokjes snijden

1 el reuzel	verhitten, de vleesblokjes daarin aan alle kanten bruin braden, in een beboterde ovenschaal leggen
40 g bloem	in het braadvet lichtgeel bakken
5 dl licht bier	toevoegen, met een garde kloppen, opletten dat er geen klontjes ontstaan, de saus aan de kook brengen
2 el tomatenketchup *2 el tomatenpuree* *1 tl zout* *½ tl peper* *1 tl suiker* *½ tl tijm* *1 tl bouillonpoeder*	erdoor roeren de saus over het vlees scheppen
1 laurierblad	erop leggen de afgesloten schaal op het rooster in de voorverwarmde oven zetten.
Oven op:	ongeveer 175 graden
Baktijd:	1-1½ uur.
Erbij:	gekookte aardappelen, gemengde salade.

Linzen van de zeeman

(Foto onder)

1 ui	pellen, met
125 g doorregen spek	in fijne blokjes snijden
2-3 el olie	verhitten, spek en ui daarin glazig bakken
1 el kerriepoeder	erover strooien, nog even bakken
500 g aardappelen	schillen, wassen, in blokjes snijden
5 dl vleesbouillon (blokje)	toevoegen, aan de kook brengen, 10-15 minuten laten koken
500 g linzen (uit blik)	
4 Weense worstjes	toevoegen, aan de kook brengen
1 appel	schillen, klokhuis verwijderen, appel in stukjes snijden, toevoegen, ongeveer 5 minuten mee laten koken.
Kooktijd:	25-30 minuten.

Oostduitse pompoensoep

1 kg pompoen	schillen, de kern er met een lepel uitschrapen, het vruchtvlees in blokjes snijden
3 el boter	smelten, de pompoenstukjes daarin smoren
2,5 dl vleesbouillon	toevoegen, aan de kook brengen, in ongeveer 10 minuten gaar koken, de helft van de pompoenblokjes uit de pan scheppen, pureren, weer toevoegen, met
zout, peper suiker, azijn	op smaak brengen
4 Weense worstjes	in schijfjes snijden, aan de soep toevoegen, met
gehakte peterselie	bestrooien.
Kooktijd:	15-20 minuten.

Rijnlandse soepterrine

(Foto boven)

375 g runderpoelet	in
4-5 el olie	aanbraden
1,25 l water	erbij gieten
4 afgestreken el vleesbouillon-poeder	erdoor roeren, aan de kook brengen,

	ongeveer 1 uur laten koken
1 knolselderij (circa 250 g)	schillen, wassen, in blokjes snijden
300 g verse of diepvries-sperziebonen	verse bonen afhalen, wassen, in stukjes breken (diepvriesbonen ontdooien, in stukjes breken)
250 g aardappelen	schillen, wassen, in blokjes snijden
1 stengel prei	goed wassen, in ringen snijden (eventueel nogmaals wassen)
	de groenten aan de soep toevoegen, 15-20 minuten laten koken, met
zout, peper	op smaak brengen
	de soep met
fijngehakte peterselie	bestrooien.
Kooktijd:	ongeveer 1¼ uur.

Bremer bonensoep

125 g witte bonen	wassen, 12-24 uur in
1 l water	weken
500 g schapevlees	in blokjes snijden
3-4 el olie	verhitten, de vleesblokjes daar aan alle kanten in aanbraden
1 ui	pellen
250 g tomaten	met kokend water begieten, in koud water laten schrikken, ontvellen, de kroontjes wegsnijden
	de tomaten en de uien kleinsnijden, aan het vlees toevoegen, even laten koken
	de bonen met het weekwater (het weekwater met water tot 1 l aanvullen) toevoegen
2 afgestreken el instant vleesbouillon	erdoor roeren, aan de kook brengen, ongeveer 1 uur zacht laten koken
250 g aardappelen	schillen, wassen, in blokjes snijden
	de groenten met
bonekruid *tijm*	aan de soep toevoegen, aan de kook brengen, nog 20 minuten laten koken
	de soep met
zout *peper*	op smaak brengen, met
gehakte peterselie	bestrooien.

Beierse worstsoep

(Foto links)

400 g schoongemaakte witte kool	wassen, in dunne reepjes snijden
125 g worteltjes	schoonmaken, schrappen, wassen, in blokjes snijden
125 g sperziebonen	afhalen, wassen, doormidden breken
500 g aardappelen	schillen, wassen, in blokjes snijden
	de ingrediënten met
300 g verse doperwten	aan
7,5 dl vleesbouillon (blokje)	toevoegen, aan de kook brengen, gaar laten koken, met
zout *versgemalen peper* *nootmuskaat* *1 tl karwijzaad* *majoraan*	op smaak brengen
4 Weense worstjes	in schijfjes snijden, aan de soep toevoegen, met
gehakte peterselie	bestrooien.
Kooktijd:	ongeveer 30 minuten.

Westfaalse bonenschotel

(Foto rechts)

1 l water	aan de kook brengen
375 g doorregen spek	toevoegen, aan de kook brengen, laten koken
500 g sperziebonen	afhalen, wassen, in kleine stukken breken of snijden
250 g wortelen	schoonmaken, schrappen
750 g aardappelen	schillen
	beide ingrediënten wassen, in kleine stukjes snijden
2 appels *2 peren*	beide ingrediënten schillen, klokhuis wegsnijden, de vruchten in schijfjes snijden
	na 30 minuten koken de groenten, vruchten en wat
zout	toevoegen, aan de kook brengen, gaar laten koken
	het gerecht met zout op smaak brengen
	het spek eventueel snijden.
Kooktijd:	1-1½ uur.
Variatie:	200 g gedroogde bonen wassen, 12-25 uur in water weken, daarna in het weekwater 30 minuten koken, het spek toevoegen in dit geval slechts 250 g sperziebonen nemen of ze weglaten.

Mexicaanse vuursoep

(Foto rechts, 6-8 personen)

1 kg varkensvlees (schouder)	in blokjes snijden
3-4 el olie	verhitten, het vlees daarin aanbraden
250 g uien	pellen, met
100 g doorregen spek	in blokjes snijden, aan het vlees toevoegen, meebakken
2,5 dl water	toevoegen
7-8 afgestreken el instant vleesbouillon	erdoor roeren, met
chilipeper paprikapoeder tabasco	op smaak brengen, aan de kook brengen, ongeveer 30 minuten koken
2 groene en 2 rode paprika's	halveren, steel, zaad en zaadlijsten verwijderen, paprika wassen, in reepjes snijden, aan de soep toevoegen, ongeveer 10 minuten laten koken
250 g ontvelde tomaten	kleinsnijden, met
circa 700 g mais (uit blik)	aan de soep toevoegen ongeveer 5 minuten laten koken, eventueel met
100 g geraspte emmentaler kaas gehakte peterselie	bestrooien.
Kooktijd:	ongeveer 1 uur.

Praagse vleessoep

500 g pekelvlees	aan
1 l kokend water	toevoegen, ongeveer 45 minuten koken
1 bosje soepgroente (wortel, prei, selderij)	schoonmaken, wassen, aan het vlees toevoegen, 30-45 minuten laten koken de soep door een zeef gieten, het vlees in blokjes snijden
30 g boter	smelten
50-75 g griesmeel	daarin goudgeel bakken vlees en bouillon toevoegen, met
zout	

strooiaroma	op smaak brengen, ongeveer 5 minuten laten koken, met
gehakte peterselie	bestrooien.
Kooktijd:	ongeveer 1½ uur.

Servische rijstschotel

(Foto onder)

500 g varkens-fricandeau	in blokjes snijden
50 g vet spek	in blokjes snijden, uitbakken, de vleesblokjes daarin krachtig aanbraden, met
zout peper	op smaak brengen
2-3 uien	pellen, in schijven snijden, aan de vleesblokjes toevoegen, meebakken
100 g rijst	toevoegen, al roerend even meebakken
3,75 dl hete vleesbouillon	erbij gieten
250 g tomaten	met kokend water begieten, in koud water laten schrikken, ontvellen, de kroontjes wegsnijden, de tomaten in stukjes snijden
	aan het gerecht toevoegen
	het gerecht gaar laten stoven
	wanneer het gaar is
2 el crème fraîche	erdoor roeren, met
paprika	op smaak breıngen, met
1 el gehakte peterselie	bestrooien.
Kooktijd:	ongeveer 45 minuten.

Provençaalse rundvleesschotel

(Foto boven)

¾-1 kg rundvlees	in 5-6 cm grote stukken snijden, met
2 laurierblaadjes	
4 gepelde teentjes knoflook	
wat tijm	in een schaal leggen, met
zout, peper	bestrooien
5 dl witte wijn	met
2 el cognac	
3 el olijfolie	mengen, over het vlees gieten, ongeveer 12 uur afgedekt op een koele plaats zetten
125 g rookspek	
250 g speklapjes	beide in plakken snijden
4 wortelen	schoonmaken, schrappen, wassen
2 uien	pellen
250 g tomaten	met kokend water begieten, in koud water laten schrikken, ontvellen, de kroontjes wegsnijden de drie groenten in schijfjes snijden
100 g zwarte olijven	ontpitten het vlees uit de marinade halen, met de andere ingrediënten,
1 el fijngesneden bieslook	
1 el gehakte peterselie	in laagjes in een ovenschaal leggen, elke laag met zout, peper,
rozemarijn	
majoraan	bestrooien, de marinade erover gieten, de schaal sluiten, op het rooster in de voorverwarmde oven zetten, het gare gerecht met
gehakte peterselie	bestrooien.
Oven op:	175-200 graden
Baktijd:	ongeveer 2½ uur.
Erbij:	gekookte aardappelen of pasta, paprikasalade.

Amerikaanse mosselsoep

	(Foto onder)
20 mosselen	in ruim koud water leggen, een paar uur laten liggen, het water af en toe verversen, de mosselen vervolgens goed schoonborstelen en de baard verwijderen, mosselen spoelen tot het water volkomen helder blijft mosselen die zich bij het spoelen en borstelen openen zijn niet eetbaar, alleen gesloten mosselen verder gebruiken
1 l water	met
2-3 el citroensap	aan de kook brengen, de mosselen toevoegen, koken tot ze opengaan (na ongeveer 5 minuten – mosselen die nu gesloten blijven zijn oneetbaar) de mosselbouillon door een zeef gieten, met
water	tot 1 liter aanvullen de mosselen uit de schelp halen
1 knolselderij	schillen, wassen, met
2 ontvelde tomaten	in blokjes snijden
1 groene paprika	halveren, steel, zaad en zaadlijsten verwijderen, paprika wassen, in reepjes snijden
250 g aardappelen	schillen, wassen, in blokjes snijden
1 ui	pellen, met
75 g doorregen spek	in blokjes snijden
3-4 el olie	verhitten, ui en spek daarin bakken, de mosselbouillon toevoegen
3 afgestreken el instant vleesbouillon	toevoegen
selderijblaadjes	in fijne reepjes gesneden, met
1 laurierblad *wat tijm* *wat majoraan* *cayennepeper*	en de groenten aan de soep toevoegen, aan de kook brengen, ongeveer 40 minuten laten koken, de mosselen toevoegen, meeverhitten, naar wens met
3-4 el witte wijn soeparoma	op smaak brengen de soep met
gehakte peterselie	bestrooien.
Kooktijd:	ongeveer 50 minuten.

Siebenbürger paprikaschotel

300 g doorregen spek	in blokjes snijden, in de open snelkookpan uitbakken, van
6 groene paprika's	halveren, steel, zaad en zaadlijsten verwijderen, paprika wassen, in circa 1 cm brede reepjes snijden
2 grote uien	pellen en snipperen, met de paprikareepjes aan het spek toevoegen, glazig bakken
500 g aardappelen	schillen, wassen, in kleine blokjes snijden, aan de groenten toevoegen
1 l vleesbouillon (blokje)	toevoegen, met
zout *paprikapoeder* *selderijzout*	op smaak brengen, de snelkookpan sluiten, ongeveer 8 minuten laten koken
300 g ontvelde tomaten	in stukken snijden, toevoegen, in open snelkookpan nog ongeveer 2 minuten laten koken
2 bekertjes zure room	erdoor roeren, eventueel met
2 el gehakte peterselie	bestrooien.
Kooktijd:	ongeveer 10 minuten.

Spaanse boerensoep

(Foto links, 6-8 personen)

250 g rundvlees *250 g schapevlees*	in blokjes snijden
3-4 el olijfolie	verhitten, het vlees aan alle kanten daarin aanbraden
1 ui	pellen en snipperen, aan het vlees toevoegen, meebakken, met
zout *peper* *tijm* *basilicum* *knoflookpoeder*	op smaak brengen
2,5 dl vleesbouillon (blokje)	toevoegen, aan de kook brengen, ongeveer 45 minuten laten koken
200 g aardappelen	schillen, wassen
200 g worteltjes	schoonmaken, schrappen, wassen beide groenten in blokjes snijden
2 stengels prei	schoonmaken, goed wassen, in ringen snijden de drie ingrediënten aan de soep toevoegen aan de kook brengen, ongeveer 15 minuten laten koken ongeveer 10 minuten voor het einde van de kooktijd
300 g doperwtjes (diepvries)	toevoegen
1 grove rookworst	in schijfjes snijden
100 g rauwe ham	in reepjes snijden beide ingrediënten kort voor de soep gaar is toevoegen, meeverhitten, de soep met
gehakte peterselie	bestrooien.
Kooktijd:	ongeveer 1¼ uur.

Bonensoep Cevapcici

(Foto rechts)

1 kg sperziebonen	afhalen, wassen, in stukjes snijden
2 bosjes soepgroente	schoonmaken, wassen, kleinsnijden
2 el boter	smelten, beide ingrediënten daarin smoren
7,5 dl vleesbouillon (blokje)	toevoegen, aan de kook brengen
500 g aardappelen	schillen, wassen, in blokjes snijden, met
wat bonekruid	toevoegen, aan de kook brengen, ongeveer 15 minuten laten koken
250 g gekruid gehakt	tot circa 4 cm lange ovale balletjes vormen, toevoegen, ongeveer 7 minuten meekoken de soep met
gehakte tuinkruiden	bestrooien.
Kooktijd:	30-35 minuten.

Catalaanse groenteschotel

(Foto boven, 6-8 personen)

4 grote uien	pellen en snipperen
60 g reuzel	in de open snelkookpan verhitten, de uisnippers daarin glazig bakken
2 groene paprika's	halveren, steel, zaad en zaadlijsten verwijderen, paprika's wassen, in reepjes snijden, korte tijd meebakken
200 g wortelen	schoonmaken, schrappen, wassen
250 g aardappelen	schillen, wassen
	beide ingrediënten in stukjes snijden, met
300 g erwtjes (diepvries)	toevoegen
1,25 l vleesbouillon (blokje)	toevoegen, met
zout peper rozemarijn	op smaak brengen, de snelkookpan sluiten, het gerecht gaar koken
200 g rauwe ham	in reepjes snijden
2 hardgekookte eieren	pellen, in schijfjes of in vieren snijden, op het gerecht leggen, met
gehakte peterselie	bestrooien.
Kooktijd:	ongeveer 5-6 minuten.

Andalusische tomatencrèmesoep

2 kleine uien	pellen, met
80 g doorregen spek	in fijne blokjes snijden
2 el olie	verhitten, ui- en spekstukjes daarin bakken
1 el bloem	erover strooien, even meebakken
1 kg ontvelde tomaten	in stukjes snijden, toevoegen, meebakken
½ l vleesbouillon (blokje)	toevoegen, roeren, aan de kook brengen, met
zout, peper	op smaak brengen, ongeveer 10 minuten laten koken
	de soep door een zeef wrijven
100 g gekookte champignons	

100 g gekookte doperwtjes	beide ingrediënten uit laten lekken, aan de soep toevoegen, kort meeverhitten met
2 eierdooiers 1,25 dl slagroom	loskloppen, de soep daarmee binden, met
4 el sherry	op smaak brengen, met
fijngehakte peterselie	bestrooien.
Kooktijd:	ongeveer 10 minuten.

Hollandse vissoep

(Foto onder)

750 g schoongemaakte roodbaars	wassen, vel en graat verwijderen (bewaren), de vis in kleine stukken snijden, met
citroensap	besprenkelen
1 l water	aan de kook brengen
3 afgestreken el bouillonpoeder	erdoor roeren
3 peperkorrels 1 laurierblad 3 kruidnagelen een stukje citroenschil 1 bosje soepgroente (wortel, prei, selderij)	schoonmaken, wassen, kleinsnijden de 5 ingrediënten met het vel en de graten aan de soep toevoegen, aan de kook brengen, ongeveer 40 minuten laten koken de soep door een zeef gieten
3-4 el olie	verhitten, de visstukken daarin bakken, de vissoep toevoegen, met
peper soeparoma	op smaak brengen, 5-10 minuten laten trekken
1 eierdooier	met
3-4 el slagroom	loskloppen, de soep daarmee binden, met
fijngehakte peterselie	bestrooien.
Kooktijd:	ongeveer 50 minuten.
Erbij:	knoflooktoast.

Spaanse Frikko

(Foto boven)

250 g varkensvlees
250 g rundvlees
125 g kalfsvlees — in blokjes snijden
3 grote uien — pellen en snipperen
1,5 kg aardappelen — schillen, wassen, in blokjes snijden
40 g boter — verhitten, het vlees daar aan alle kanten in aanbraden
kort voor het vlees bruin genoeg is de uisnippers toevoegen
even meebakken
aardappelblokjes, zout, peper paprikapoeder ½ tl karwijzaad
3,75 dl water — toevoegen, gaar laten stoven (af en toe roeren)
10 minuten voordat het gaar is
2 el crème fraîche — erdoor roeren, het gerecht met
2 el gehakte peterselie — bestrooien.
Kooktijd: ongeveer 1½ uur.

Hongaarse vissoep

750 g visfilet (bijv. kabeljauw, roodbaars, koolvis, vers of diepvries) — in blokjes snijden, met
citroensap — besprenkelen, met
zout — bestrooien
250 g uien — pellen en snipperen
2-3 el olie — verhitten, de uisnippers daarin glazig bakken, van
1 groene en 1 rode paprika — steel, zaad en zaadlijsten verwijderen, de paprika's wassen, in reepjes snijden
250 g ontvelde tomaten — kleinsnijden, met de paprikareepjes aan de uien toevoegen, meebakken, met
2-3 el bloem — bestrooien, even doorbakken
1 l water — al roerend toevoegen
3 afgestreken el bouillonpoeder — erdoor roeren, aan de kook brengen, ongeveer 15 minuten laten koken
de visstukken aan de soep toevoegen, in 10-15 minuten gaar laten trekken.
Kooktijd: ongeveer 40 minuten.

Borsjtsj

(Foto rechts)

1 kg rode bieten — wassen, schillen, in blokjes snijden, met
zout — bestrooien, enige tijd laten staan
2 l water — aan de kook brengen
500 g rundvlees — met
250 g doorregen spek — aan het kokende water toevoegen, weer aan de kook brengen, ongeveer 1½ uur laten koken
100 g uien — pellen
250 g aardappelen — schillen, wassen
250 g knolselderij — schoonmaken, schillen, wassen
de drie groenten kleinsnijden
250 g savooiekool — schoonmaken, wassen, in stukjes snijden
1 stengel prei — schoonmaken, doormidden snijden, goed wassen, in reepjes snijden
na 1½ uur kooktijd het vlees uit de bouillon nemen, in kleine blokjes snijden, met de andere ingrediënten weer aan de bouillon toevoegen, nog ongeveer 1 uur laten koken
de soep met
zout peper soeparoma 2-3 el azijn worcestersaus — op smaak brengen
1 bekertje crème fraîche — losroeren, op de soep scheppen, eventueel met
gehakte peterselie — bestrooien.
Kooktijd: ongeveer 2½ uur.

Rijstschotel Bologna

(In de snelkookpan)

2 el olie	in de snelkookpan verhitten
375 g gehakt (half om half)	daarin aanbraden, het gehakt daarbij losroeren
4-5 uien	pellen en snipperen, aan het gehakt toevoegen, meebakken, met
zout peper paprikapoeder basilicum	op smaak brengen
250 g rijst (lange korrel)	met
8 dl vleesbouillon (blokje)	toevoegen de snelkookpan sluiten, 7-8 minuten laten koken
300 g gekookte doperwten	toevoegen
wat bouillon-poeder	erdoor roeren, verhitten de rijstschotel met zout, peper, paprika-poeder op smaak brengen.

Roemeense erwtensoep

(Foto onder)

125 g doorregen spek	in dobbelsteentjes snijden, uitbakken
1 ui	pellen en snipperen
1 knolselderij	schillen, wassen, in blokjes snijden
1 stengel prei	goed wassen, in ringen snijden (eventueel nogmaals wassen)
	de 3 ingrediënten aan het spek toevoegen, meebakken
1 l water	toevoegen, aan de kook brengen, ongeveer 20 minuten laten koken
250 g erwten (diepvries)	
250 g ham	door
2,5 dl koud water	roeren, aan de soep toevoegen, opkoken, eventueel
2-3 el zure room	erdoor roeren
	de soep over voorverwarmde borden verdelen
wat ingelegde rode biet	in fijne reepjes snijden, elke portie daarmee garneren.
Kooktijd:	ongeveer 30 minuten.

Griekse schapepilaf

(Foto rechts)

375-500 g schapevlees	in blokjes snijden
2 middelgrote uien	pellen en snipperen
250 g knolselderij	schoonmaken, wassen, kleinsnijden
250 g tomaten	met kokend water begieten, in koud water laten schrikken, ontvellen, in stukken snijden
2 el boter	verhitten, het vlees daar licht in aanbraden, kort voor het bruin genoeg is ui, selderij, tomaat toevoegen, kort meeverhitten, met
zout, peper	
paprikapoeder	op smaak brengen
7,5 dl water	toevoegen, aan de kook brengen
150 g rijst	na ongeveer 30 minuten koken aan het vlees toevoegen, gaar laten koken
	het gerecht met zout op smaak brengen, met
gehakte peterselie	bestrooien.
Kooktijd:	ongeveer 1 uur.

Zuppa pavese

1 l water	aan de kook brengen
3 afgestreken el bouillon-poeder	toevoegen, eventueel met
nootmuskaat	op smaak brengen van
4 geroosterde boterhammen	steeds 1 op een bord leggen
4 eieren	op elke boterham 1 ei breken van
4 el Parmezaanse kaas	steeds 1 eetlepel over 1 ei strooien op elk bord wat vleesbouillon gieten
klontjes boter	erover verdelen, de borden onder de voorverwarmde grill zetten, kort grilleren, elke portie met
fijngesneden bieslook	bestrooien.
Kooktijd:	ongeveer 2 minuten.
Grilltijd:	ongeveer 4 minuten.

Irish Stew

(Foto rechts)

Van

1 kg witte of savooiekool	de slechte buitenste bladeren verwijderen, de kool in vieren snijden, wassen, uit laten lekken, in reepjes snijden
circa 200 g aardappelen	schillen, wassen, in blokjes snijden
3 uien	pellen en snipperen
1 wortel	schoonmaken, schrappen, wassen, kleinsnijden
500 g schapevlees (zonder vet of been)	in blokjes snijden
3 el boter	in de open snelkookpan verhitten het vlees daarin aan alle kanten goed aanbraden, de uisnippers toevoegen, even meebakken witte kool, aardappelstukjes en wortelstukjes toevoegen
2,5 dl hete vleesbouillon (blokje)	erbij gieten, met
peper	
karwijzaad	op smaak brengen, de pan sluiten, het gerecht gaar laten koken, nogmaals met peper op smaak brengen.
Kooktijd:	15-20 minuten.

Indische rijstsoep

(Foto onder)

1 kleine ui	pellen en snipperen
2-3 el olie	verhitten, de uisnippers daarin glazig bakken
2 el bloem	
1 tl kerriepoeder	erover strooien, even meebakken
1 l water	toevoegen
3 afgestreken el bouillonpoeder	erdoor roeren
50 g paprijst	wassen, toevoegen, aan de kook brengen, ongeveer 20 minuten laten koken, met
2-3 el sherry	op smaak brengen
1 eierdooier	met
3-4 el zure room	loskloppen, de soep daarmee binden.
Kooktijd:	ongeveer 25 minuten.

Bouillabaisse

750 g schoongemaakte vis (verschillende soorten, bijv. kabeljauw, schelvis, poon, zeetong)	wassen, vel en graat verwijderen, vis in stukken snijden, met
citroensap	besprenkelen
1 ui	pellen, in ringen snijden
3-4 el olie	verhitten, de uiringen daarin glazig bakken
1 stengel prei	goed wassen, in ringen snijden, eventueel nogmaals wassen
1 venkelknol	schoonmaken, wassen, kleinsnijden
2 ontvelde tomaten	in vieren snijden
1 gekneusd of fijngehakt teentje knoflook	
	de 4 ingrediënten aan de uiringen toevoegen, mee laten bakken
1,5 l water	toevoegen
3,5 afgestreken el bouillonpoeder	erdoor roeren
1 laurierblad *5 peperkorrels* *2 kruidnagelen* *saffraan* *peper*	toevoegen, aan de kook brengen, ongeveer 15 minuten laten koken de visstukken aan de soep toevoegen, ongeveer 15 minuten laten trekken
200-250 g gekookte mosselen *100 g garnalen (vers of diepvries)*	beide ingrediënten kort voor het einde van de kooktijd toevoegen, meeverhitten
4 witte boterhammen	met
knoflookboter	bestrijken, over vier soepborden verdelen, de vissoep hierover verdelen.
Kooktijd:	ongeveer 40 minuten.

Russische niersoep

(Foto onder)

± 300 g kalfsnieren	opensnijden, vet en peesjes verwijderen, de nier wassen, met kokendheet water begieten en daar ongeveer 1 uur in laten liggen
	de nier droogdeppen, in plakjes snijden
2 uien	pellen en snipperen
3-4 el olie	verhitten, de uisnippers daarin glazig bakken
1 l water	toevoegen, aan de kook brengen
3 afgestreken el vleesbouillon-poeder	erdoor roeren
2 augurken	in blokjes snijden, met de nierplakken toevoegen, aan de kook brengen, ongeveer 20 minuten laten koken
100 g champignons (uit een pot)	eventueel halveren, aan de soep toevoegen, ongeveer 10 minuten laten koken, met
peper strooiaroma	op smaak brengen
1 eierdooier	met
2-3 el slagroom	loskloppen, de soep daarmee binden, met
gehakte peterselie	bestrooien.
Kooktijd:	ongeveer 35 minuten.

Chinese kippesoep

(6-8 personen)

30 g gedroogde Chinese paddestoelen	in
koud water	weken (het liefst een paar uur), uit laten lekken, in reepjes snijden
2,5 l water	aan de kook brengen
6 el instant-kippebouillon	erdoor roeren
1 schoon-gemaakte soepkip (circa 1 kg)	onder de koude kraan afspoelen
1 bosje soepgroente (wortel, prei, selderij)	schoonmaken, wassen, kleinsnijden
	beide ingrediënten aan de bouillon toevoegen, aan de kook brengen, ongeveer 1 uur laten koken
	de kip uit de soep nemen, het vlees van het been halen, in stukjes snijden
50 g geweekte mie	
wat sojasaus	en de paddestoelen toevoegen, aan de kook brengen, 20 minuten laten koken
circa 340 g bamboe-spruiten (uit blik)	en het kippevlees toevoegen, kort meeverhitten, eventueel met
sambal oelek sojasaus chilisaus	op smaak brengen.
Kooktijd:	ongeveer 1¼ uur.

Servische bonensoep

(Foto rechts)

375 g magere riblappen	met
1,25 dl water	in een snelkookpan doen, de pan sluiten, 20-25 minuten laten koken
	het gare vlees uit de bouillon nemen
	de bouillon door een zeef gieten
175 g uien 2 teentjes knoflook	pellen en snipperen
1 rode en 1 groene paprika	halveren, steel, zaad en zaadlijsten verwijderen, paprika wassen, in reepjes snijden
1 stengel prei	schoonmaken, in de lengte doorsnijden, wassen, in ringen snijden
125 g knol-selderij	schillen, wassen, in blokjes snijden
3 el olie	verhitten, de groente daarin bakken, de vleesbouillon toevoegen

500 g ontvelde tomaten (uit blik)	wat kleiner snijden, met het vocht en
500 g witte bonen (uit blik)	toevoegen, aan de kook brengen, 12-15 minuten laten koken
	de soep met
zout *peper* *cayennepeper* *pikant paprikapoeder*	op smaak brengen
	het vlees in blokjes snijden, aan de soep toevoegen, meeverhitten
	de soep eventueel met
gehakt bonekruid	bestrooien.
Kooktijd:	40-45 minuten.

Oosterse vleesschotel

(Foto boven, ongeveer 6 personen)

750 g rundvlees (van de bout)	in dunne repen snijden
30 g boter	in een braadpan verhitten, de vleesreepjes daarin aanbraden
3 uien	pellen en snipperen
1 teentje knoflook	pellen en snipperen
1 wortel	schoonmaken, schrappen, wassen, kleinsnijden
	de drie ingrediënten aan het vlees toevoegen, even mee laten bakken
200 g rijst (lange korrel)	toevoegen, meebakken
500 g savooie- of spitskool (schoongemaakt gewogen)	wassen, in reepjes snijden, met
50 g cashewnoten	
50 g rozijnen	aan het vlees-groentemengsel toevoegen, ongeveer 5 minuten meebakken, met
zout, peper kerriepoeder	pittig op smaak brengen
1 el mangochutney (uit een pot)	erdoor roeren
7,5 dl hete kippebouillon (blokje)	toevoegen, roeren

op het rooster in de voorverwarmde oven zetten, gaar laten worden, af en toe roeren.

Oven op: ongeveer 200 graden
Baktijd: ongeveer 1 uur.

Chili con carne

(Foto rechts)

750 g bruine bonen	12-24 uur in zoveel
koud water	weken dat ze goed onder staan
1 kg mager rundvlees	in blokjes snijden
50 g braadboter	verhitten, de vleesblokjes daarin goed aanbraden, aan de bonen en het weekwater toevoegen
1-1,5 l vleesbouillon (blokje)	toevoegen, aan de kook brengen, ongeveer 1¼ uur laten koken
1 rode en 1 groene paprika	halveren, steel, zaad en zaadlijsten verwijderen, paprika wassen, in reepjes snijden
4 uien	in ringen of stukjes snijden beide ingrediënten 5-6 minuten in het braadvet bakken, met
4 el tomatenpuree	
1,5 tl chilipoeder	
3 el paprikapoeder	aan de bonen toevoegen, aan de kook brengen, in een gesloten pan ongeveer 30 minuten laten koken
5 tomaten	met kokend water begieten, in koud water laten schrikken, ontvellen, de kroontjes wegsnijden, de tomaten in vieren snijden, ongeveer 10 minuten voor het einde van de kooktijd toevoegen
1-2 teentjes knoflook	pellen en snipperen, met
1 el gehakte basilicumblaadjes	aan het gerecht toevoegen, de chili con carne eventueel nogmaals met de kruiden en
rode wijn	op smaak brengen.
Kooktijd:	ongeveer 2½ uur.

Soufflés

Kwarksoufflé met knoflookworst

(Foto onder, 6-8 personen)

750 g kleine vastkokende aardappelen met
zout in
water aan de kook brengen, ongeveer 15 minuten laten koken, in een zeef storten, onder de koude kraan laten schrikken, de aardappelen, pellen, van
200 g doorregen spek 4 plakjes bewaren, de rest in dobbelsteentjes snijden, knapperig uitbakken, het spek uit de pan nemen, apart houden
375 g uien pellen, in dunne ringen snijden, in het spekvet goudbruin bakken, in 8-10 minuten gaar stoven
250 g knoflookworst (bijv. cabanossi) in plakjes snijden
500 g magere kwark met
1,5 bekertje crème fraîche
6 eieren losroeren
wat bieslook onder de koude kraan afspoelen, droogdeppen, kleinsnijden, met
2 tl karwijzaad door de kwark roeren, met
zout, peper op smaak brengen
de helft van het spek, de aardappelen, de uien en de worst in een beboterde ovenschaal (3 l) rangschikken, de helft van het kwarkmengsel hierover verdelen, gladstrijken, de rest van de ingrediënten erop leggen, met de rest van de kwark bestrijken, de vier bewaarde spekplakjes op de soufflé leggen
de schaal op het rooster in de voorverwarmde oven zetten.
Oven op: ongeveer 200 graden
Baktijd: ongeveer 50 minuten.
De soufflé daarna nog 10 minuten in de uitgeschakelde oven laten rusten.

Koolrabi-aardappelgratin

(Foto rechts)

Van
3-4 kleine koolrabi's (circa 500 g) de blaadjes verwijderen, de koolrabi's schillen, wassen
500 g aardappelen schillen, wassen
3-4 uien pellen
de 3 ingrediënten in dunne schijven snijden
150 g salami (in plakjes) in repen snijden
een platte ovenschaal met boter invetten, de ingrediënten er afwisselend in lagen inleggen (de onderste en bovenste laag moeten uit aardappel bestaan), de koolrabi- en de aardappellagen steeds met een deel van
200 g geraspte emmentaler kaas bestrooien, met
zout, peper op smaak brengen
2,5 dl melk met
1,25 dl slagroom
2 eieren kloppen, met zout,
paprikapoeder op smaak brengen, dit over de soufflé gieten
de rest van de kaas met
2-3 el paneermeel mengen, over de soufflé strooien
1-2 el boter smelten, erover druppelen
de schaal op het rooster in de voorverwarmde oven zetten
de soufflé halverwege de baktijd met aluminiumfolie afdekken, anders wordt hij te donker.
Oven op: ongeveer 200 graden
Baktijd: ongeveer 45 minuten.

Bonte pastasoufflé

(Foto onder)

250 g macaroni in
1,5 l kokend water met
wat zout strooien, aan de kook brengen, ongeveer 8 minuten laten koken, in een zeef storten, met koud water begieten, uit laten lekken
2 uien
1 teentje knoflook pellen en snipperen
1 groene paprika halveren, steel, zaad en zaadlijsten verwijderen, paprika wassen, in reepjes snijden
1 wortel schoonmaken, schrappen, wassen, in schijfjes snijden
1 el boter smelten, de 4 ingrediënten daar ongeveer 6 minuten in verhitten
200 g gekookte ham in reepjes snijden, de ingrediënten met
1 bekertje crème fraîche mengen, in een beboterde ovenschaal scheppen, met
100 g Parmezaanse kaas bestrooien, in de voorverwarmde oven zetten.
Oven op: 225-250 graden
Baktijd: ongeveer 30 minuten.

Walliser gratin

(Foto blz. 124/125)

2 stuks knolselderij (circa 700 g) schillen, wassen, in dunne schijven snijden, met wat
zout aan
kokend water toevoegen, aan de kook brengen, ongeveer 8 minuten laten koken, uit laten lekken
2 middelgrote rode uien pellen, in schijven snijden, van
circa 300 g savooiekool de lelijke buitenste bladeren verwijderen, de stronk wegsnijden, de kool wassen, uit laten lekken, in fijne reepjes snijden
4-5 stengels bleekselderij (circa 500 g) schoonmaken, de harde draden aan de buitenkant van de stengels eraf trekken, de stengels wassen, uit laten lekken, kleinsnijden
uiringen, koolreepjes en selderijstukjes met wat zout in
kokend water leggen, aan de kook brengen, ongeveer 8 minuten laten koken, in een zeef storten, met koud water begieten, goed uit laten lekken
200 g ontbijtspek in dunne plakjes snijden
alle ingrediënten afwisselend in laagjes in een beboterde ovenschaal leggen, de onderste en de bovenste laag moet uit knolselderij bestaan, elke laag met
zout, peper nootmuskaat gemalen foelie bestrooien, met een deel van
2 dl slagroom begieten, met een deel van
4 el geraspte gruyère bestrooien
de rest van de slagroom erover verdelen,

met de rest van de kaas bestrooien
de soufflé op het rooster in de voorverwarmde oven zetten.

Oven op: ongeveer 225 graden
Baktijd: ongeveer 45 minuten.

Fijne aardappelsoufflé

(Foto boven)

1 kg aardappelen wassen, in water aan de kook brengen, gaar laten koken, afgieten, heet pellen, af laten koelen, in schijfjes snijden

250 g gekookte ham in kleine blokjes snijden
aardappelen en ham afwisselend in lagen in een beboterde souffléschaal leggen, de bovenste laag moet uit aardappel bestaan

voor de saus

2,5 dl hete vleesbouillon (blokje) met
1 bekertje crème fraîche
2 eieren mengen
1 afgestreken el maizena met
3 el koud water mengen, door het crème fraîche-mengsel roeren, met
zout
versgemalen peper
nootmuskaat op smaak brengen
de saus over de aardappelen gieten, de soufflé met
Parmezaanse kaas bestrooien.
boter in klontjes erop legggen
de soufflévorm op het rooster in de voorverwarmde oven zetten.

Kooktijd aardappelen: 20-30 minuten.
Oven op: 200-225 graden
Baktijd: 30-40 minuten.

Bleekselderijsoufflé

(Foto onder)

750 g kalkoenborstvlees	in blokjes snijden
100 g witbrood	zonder korst in
1,25 dl kippebouillon (blokje)	weken, goed uitknijpen het vlees en het brood door de fijne schijf van de vleesmolen draaien het mengsel met
1 ei *3 el witte wijn* *3 el slagroom* *1 tl citroensap* *geraspte schil van ½ citroen* *1 tl Franse mosterd* *1 bakje fijngesneden tuinkers*	vermengen
40 g boter	smelten, erdoor kneden, met
zout *versgemalen peper*	op smaak brengen
1 kg bleekselderij	schoonmaken, de stengels wassen, halveren, de helft met de holle kant omhoog in een beboterde ovenschaal leggen, het kalkoenmengsel daarover verdelen, de andere helft met de holle kant omlaag daarop leggen
40 g boter	smelten
40 g bloem	al roerend daarin verhitten tot het lichtgeel is
5 dl hete melk	toevoegen, met een garde kloppen, opletten dat er geen klontjes ontstaan, de saus aan de kook brengen, ongeveer 5 minuten laten koken
100 g gorgonzola	aan de saus toevoegen, al roerend laten smelten de saus met zout, peper,
nootmuskaat	op smaak brengen, over de soufflé gieten de schaal op het rooster in de voorverwarmde oven zetten.
Oven op:	ongeveer 200 graden
Baktijd:	ongeveer 1 uur. Mocht het oppervlak van de soufflé te donker worden, dan met aluminiumfolie afdekken.
Erbij:	groene sla.

Bloemkoolsoufflé met kaastoefjes

(Foto boven, 5-6 personen)

	Van
1 middelgrote bloemkool (circa 1,5 kg)	de bladeren, de lelijke plekken en de stronk wegsnijden, de bloemkool wassen, in
kokend water	leggen, wat
zout	toevoegen, aan de kook brengen, 10-12 minuten laten koken, uit laten lekken, de roosjes van de stronk snijden
200 g ham (aan een stuk)	kleiner snijden, pureren, met
2 dl slagroom	
1 ei	
1 tl groene peperkorrels (uit een pot)	goed mengen
125 g rauwe ham (in dunne plakken)	fijnsnijden, erdoor roeren
	de helft van het ham-roommengsel in een beboterde soufflévorm (inhoud ± 1 l) leggen, de helft van de bloemkoolroosjes erin drukken, met de rest van het ham-roommengsel bedekken, de rest van de bloemkool erop leggen, wat aandrukken
50 g boter	smelten
20 g bloem	erdoor roeren, verhitten tot het lichtgeel is
1,25 dl melk	al roerend toevoegen, opletten dat er geen klontjes ontstaan, aan de kook brengen, ongeveer 5 minuten laten koken, van het vuur nemen
3 eierdooiers	met
50 g Parmezaanse kaas	loskloppen, erdoor roeren
3 eiwitten	stijfkloppen, door het kaasmengsel scheppen, het mengsel over de bloemkool verdelen
	de vorm op het rooster in de voorverwarmde oven zetten.
Oven op:	ongeveer 200 graden
Baktijd:	ongeveer 35 minuten.
Erbij:	tomatensaus.

Aardappelsoufflé met ham

(Foto boven)

1 kg aardappelen wassen, in water aan de kook brengen, gaar laten koken, afgieten, heet pellen, af laten koelen, in schijfjes snijden

75 g rauwe ham
75 g gekookte ham in kleine blokjes snijden
aardappelen en ham afwisselend in lagen in een beboterde ovenschaal leggen, de bovenste laag moet uit aardappel bestaan

voor de saus
30 g boter smelten
35 g bloem al roerend daarin verhitten tot het lichtgeel is

2,5 dl vleesbouillon (blokje)
2,5 dl melk toevoegen, met een garde roeren, oplet-ten dat er geen klontjes ontstaan, de saus aan de kook brengen, ongeveer 5 minuten laten koken, met
zout op smaak brengen
de saus over de aardappelen gieten, met
2 el paneermeel bestrooien
wat boter in klontjes erover verdelen
de vorm op het rooster in de voorverwarmde oven zetten.

Kooktijd aardappelen: 20-30 minuten
Oven op: 200-225 graden
Baktijd: 30-40 minuten.
Variatie: in plaats van de bloemsaus 2 bekertjes zure room met 2,5 dl vleesbouillon en 1 afgestreken lepel maizena mengen, 2 eieren erdoor kloppen, over de soufflé gieten.
De soufflé in plaats van met paneermeel met geraspte kaas bestrooien.

Auberginesschotel

(Foto onder)

500 g tomaten	met kokend water begieten, in koud water laten schrikken, ontvellen, de kroontjes wegsnijden, tomaten in plakjes snijden van
500 g aubergines	de steel afsnijden, de aubergines wassen, in ± ½ cm dikke schijven snijden, met
zout	bestrooien, ongeveer 30 minuten laten trekken, daarna droogdeppen
1 el olie	verhitten, de auberginesschijven daarin aan beide kanten lichtgeel bakken, eruit nemen
2 uien	pellen, snipperen, in het bakvet glazig bakken
500 g lamsgehakt	toevoegen, aanbraden, daarbij het vlees met een vork losroeren, met
zout	
peper	
paprikapoeder	
tijm	
rozemarijn	op smaak brengen, gaar bakken de groente en het vlees in lagen in een beboterde ovenschaal leggen, elke laag met zout, peper, paprikapoeder, tijm, rozemarijn bestrooien de schaal op het rooster in de voorverwarmde oven zetten het gerecht ongeveer 30 minuten bakken
150 g yoghurt	met
3 eieren	
1 el bloem	mengen, wat zout toevoegen, over het gerecht gieten, nog 15 minuten in de oven zetten.
Oven op:	ongeveer 250 graden
Baktijd:	ongeveer 45 minuten.

Tomaten-pastasoufflé

(Foto onder)

200 g pasta	in
water	met
wat zout	aan de kook brengen, af en toe omroeren, ongeveer 8 minuten laten koken, met koud water begieten, uit laten lekken
750 g tomaten	met kokend water begieten, in koud water laten schrikken, ontvellen, de kroontjes wegsnijden, tomaten in schijfjes snijden
150 g rauwe ham	in blokjes snijden een ovenschaal met boter invetten, de plakjes tomaat, de blokjes ham en de pasta erin leggen
3 eieren	met
1,25 dl melk	loskloppen
2 el gehakte peterselie	
2 el fijngesneden bieslook	erdoor roeren, met
zout, peper	op smaak brengen, de eiermelk over de pasta gieten
2 el Parmezaanse kaas	met
2 el paneermeel	mengen, erover strooien de schaal op het rooster in de voorverwarmde oven zetten de schotel tegen het einde van de baktijd eventueel met aluminiumfolie afdekken.
Oven op:	ongeveer 200 graden
Baktijd:	ongeveer 35 minuten.

Koolrabi-hamschotel

1 kg koolrabi	de blaadjes verwijderen (de lichtgroene bewaren), de koolrabi's wassen, in ongeveer 0,5 cm dikke repen snijden, in
2,5 dl water	met
wat zout	aan de kook brengen, 10-15 minuten laten koken (de koolrabireepjes mogen niet te zacht worden), de koolrabi uit laten lekken, het kookvocht bewaren
1 el bloem	met
1 el zachte boter	met een vork door elkaar kneden, het koolrabivocht aan de kook brengen, het boter-meelmengsel al roerend toevoegen, met een garde kloppen, opletten dat er geen klontjes ontstaan, ongeveer 5 minuten laten koken
1 volle el crème fraîche	erdoor roeren, de koolrabireepjes en de gewassen en fijngehakte blaadjes toevoegen, met
zout	
peper	op smaak brengen
200 g gekookte ham	in blokjes snijden, afwisselend met de koolrabi in een beboterde ovenschaal leggen
3-4 eieren	met

nootmuskaat — loskloppen, met zout, peper op smaak brengen, over het koolrabimengsel gieten, de schaal met deksel erop op het rooster in de voorverwarmde oven zetten.
Oven op: 225-250 graden
Baktijd: ongeveer 30 minuten.
Erbij: volkorenbrood.

Bonte aardappelschotel

(Foto rechts)

1 kg aardappelen — wassen, in water aan de kook brengen, in 20-30 minuten laten koken, meteen pellen, af laten koelen,
4 hardgekookte eieren — pellen
1 rookworst
de ingrediënten in schijfjes snijden, afwisselend in laagjes in een beboterde ovenschaal leggen, daarbij aardappel- en eischijfjes met wat
zout — bestrooien
de bovenste laag moet uit aardappel bestaan
2 bekertjes zure room — over de aardappelen gieten, het gerecht met
3 afgestreken el paneermeel — bestrooien
wat boter — in klontjes erop leggen

de schaal op het rooster in de voorverwarmde oven zetten.
Oven op: 225-250 graden
Baktijd: 30-40 minuten.

Mexicaanse maisgratin

(Foto onder)

1 ui	
1 teentje knoflook	pellen en snipperen
1 el olie	verhitten, ui- en knoflooksnippers daarin glazig bakken
500 g gehakt (half om half)	toevoegen, al roerend aanbraden, het gehakt kruimelig roeren, met
zout	
peper	
pimentpoeder	
kaneel	op smaak brengen het vlees in een beboterde ovenschaal scheppen, gladstrijken
285 g mais (uit blik)	uit laten lekken, over het vlees verdelen
150 g salami	in reepjes snijden, over de mais verdelen
500 g vleestomaten	met kokend water begieten, in koud water laten schrikken, ontvellen, de kroontjes wegsnijden, de tomaten in reepjes snijden, over de salami verdelen, met peper en
oregano	bestrooien
200 g belegen Goudse kaas	raspen, met
2 el paneermeel	mengen, over de tomaten verdelen
wat boter	in klontjes erop leggen de schaal op het rooster in de voorverwarmde oven zetten.
Oven op:	ongeveer 200 graden
Baktijd:	30-35 minuten.

Lintmacaroni met kruidenkwark

(Foto rechts)

200 g naturel en groene lintmacaroni	in
1,5 l kokend water	met
wat zout	leggen, aan de kook brengen, af en toe roeren, ongeveer 8 minuten laten koken, in een zeef storten, met koud water begieten, uit laten lekken
750 g vleestomaten	met kokend water begieten, in koud water laten schrikken, ontvellen, de kroontjes wegsnijden, de tomaten in plakjes snijden
250 g gekookte ham	in blokjes snijden
3 eieren	met
2 dl slagroom	loskloppen, met
zout, peper	op smaak brengen
1 bosje bieslook	
½ bosje peterselie	
	de kruiden afspoelen, droogdeppen, fijnsnijden een vlakke ovenschaal met boter inwrijven, een laag tomaatplakjes erin leggen, met zout, peper, bieslook en peterselie bestrooien, de helft van de hamblokjes erover strooien de lintmacaroni, de rest van de tomaten en de hamblokjes erop leggen, de kruiden erover strooien, het eierroommengsel erover verdelen de schaal op het rooster in de voorverwarmde oven zetten
400 g kwark	met een eetlepel
fijngehakte tuinkruiden	mengen, 10 minuten voor het einde van de baktijd over het gerecht verdelen.
Oven op:	ongeveer 200 graden
Baktijd:	ongeveer 40 minuten.

Kwark-macaronischotel

(Foto boven)

200 g macaroni	met
1 el olie	aan
2-3 l kokend water met zout	toevoegen, aan de kook brengen, af en toe roeren, in 8-10 minuten beetgaar koken
	de macaroni in een zeef storten, met koud water begieten, uit laten lekken
250 g magere kwark	met
1 bekertje crème fraîche	
3 eieren	
1 tl karwijzaad	
2 el fijngesneden bieslook	mengen, met
zout, peper	op smaak brengen
1 grove rookworst	wassen, droogdeppen, in schijfjes snijden, met de macaroni door de kwark roeren, in een beboterde ovenschaal scheppen
50 g doorregen spek	in dunne plakjes snijden, op het kwarkmengsel leggen
	de schaal op het rooster in de voorverwarmde oven zetten.
Oven op:	200-225 graden
Baktijd:	50-55 minuten.

Zuurkool-gehaktschotel

200 g wortelen	schoonmaken, schrappen, wassen, met wat
zout	in
1,25 dl water	aan de kook brengen, in ongeveer 20 minuten gaar laten koken
1 witte boterham	zonder korst in water weken, goed uitknijpen
1 kleine ui	pellen en snipperen, met het brood en

250 g gehakt (half om half)	mengen, met
1 ei	
zout, peper	op smaak brengen, een ovenschaal met boter invetten, de wortels in schijfjes snijden, de wand van de vorm daarmee bekleden, het gehakt er in een ringvorm inleggen, licht tegen de wortelschijfjes drukken, de helft van
500-750 g zuurkool	in het midden leggen
1 gekookte verse worst	ontvellen, in schijven snijden, over de zuurkool verdelen, de rest van de zuurkool hierop leggen de schaal met een deksel of met aluminiumfolie afdekken, op het rooster in de voorverwarmde oven zetten de gare zuurkoolschotel even laten rusten, op een platte schaal storten.
Oven op:	200-225 graden
Baktijd:	1-1½ uur.
Erbij:	aardappelpuree of stokbrood.

Courgettegratin

(Foto onder)

	Van
500 g courgettes	de punten afsnijden, de courgettes wassen, afdrogen, grof raspen, met
zout	bestrooien, de courgette in een theedoek uitpersen
2 uien	pellen en snipperen
100 g gekookte ham	in blokjes snijden, met
2 el bloem	
2 eieren	aan de courgettemassa toevoegen, goed mengen, met zout,
peper	
nootmuskaat	op smaak brengen
2 el olie	in een vuurvaste schaal verhitten, het courgettemengsel toevoegen, de schaal op het rooster in de voorverwarmde oven zetten
Oven op:	ongeveer 225 graden
Baktijd:	ongeveer 30 minuten.
100 g gruyère	grof raspen, over het gerecht strooien, in de oven laten smelten.

Aardappelschotel met spinazie

(Foto boven)

750 g bloemige aardappelen schillen, wassen, in schijven snijden
2,5 dl melk aan de kook brengen, de aardappelschijven toevoegen, weer aan de kook brengen, ongeveer 10 minuten afgedekt zachtjes laten koken
150 g doorregen spek in blokjes snijden, met
50 g geraspte kaas door de aardappelschijven scheppen, met
zout, peper op smaak brengen, de aardappelschijven in het midden van een beboterde soufféschaal leggen
750 g spinazie goed wassen, met aanhangend water in een pan aan de kook brengen, laten slinken, uit laten lekken
1 ui
1 teentje knoflook
beide ingrediënten pellen en snipperen
1 el boter verhitten, ui en knoflook daarin glazig bakken, de spinazie toevoegen, even meeverhitten, als krans om de aardappelen heenleggen, met
kaas bestrooien
het gerecht in 5-10 minuten onder de grill goudgeel bakken.

Kooktijd: ongeveer 30 minuten.

Tip: De spinazieschotel wordt –met een tuinkerssalade als voorgerecht en een mokkamousse als nagerecht– tot een zomers menu.

Spinaziesoufflé

(Ongeveer 8 personen)

750 g uien pellen, in ringen snijden
4 el olie verhitten, de uiringen daarin ongeveer 20 minuten zacht bakken, met
zout, peper
mespunt suiker op smaak brengen
1,5 kg spinazie goed wassen, met aanhangend water in een pan aan de kook brengen, het deksel erop leggen, laten slinken uit laten lekken, grof hakken
1 teentje knoflook pellen, door de knoflookpers drukken, de wanden van een beboterde ovenschaal (inhoud 4 l) hiermee bestrijken de helft van
12 geroosterde boterhammen naast elkaar in de schaal leggen, met de helft van

375 g gekookte ham beleggen
12 salieblaadjes voorzichtig afspoelen, 6 ervan over de ham verdelen
250 g belegen Goudse kaas raspen, erover verdelen, hierover eerst de uiringen, dan de spinazie verdelen
250 g magere kwark met
2,5 dl slagroom
4 eieren mengen
het mengsel over de spinazie verdelen
de rest van de boterhammen met de ham, de salieblaadjes,
250 g belegen Goudse in plakjes beleggen, op de soufflé leggen, in de voorverwarmde oven zetten.
Oven op: ongeveer 200 graden
Baktijd: 45-50 minuten.

Broodschotel

(Foto onder, ongeveer 3 personen)

3 broodjes in blokjes snijden
4-6 el kruidenboter verhitten, de broodblokjes daarin goudbruin bakken
250 g kleine champignons schoonborstelen, grotere eventueel halveren
80 g salami
125 g ham in blokjes snijden
2 uien pellen en snipperen
1-2 el olie verhitten, de uisnippers daarin glazig bakken
salami, ham en champignons toevoegen, meebakken, met
zout, peper op smaak brengen, de broodblokjes (een paar bewaren) en
3-4 el gehakte tuinkruiden erdoor roeren, in een beboterde souffléschaal scheppen
3 eieren loskloppen, met een garde door
200 g kwark roeren, dit over het gerecht verdelen, de bewaarde broodblokjes erover strooien, de schaal op het rooster in de voorverwarmde oven zetten.
Oven op: 200-225 graden
Baktijd: ongeveer 30 minuten.

Aardappelschotel met gehakt en prei

(Foto onder)

750 g aardappelen	wassen, met
zout	in zoveel
water	aan de kook brengen dat de aardappelen onder staan, in 20-25 minuten gaar laten koken, afgieten, uit laten dampen, heet pellen, af laten koelen, in schijven snijden
4 stengels prei (circa 500 g)	schoonmaken, het donkere groen tot op 10 cm verwijderen, de prei in ringen snijden, goed wassen, met wat zout in
water	aan de kook brengen, 2-3 minuten koken, uit laten lekken
2 uien 2 teentjes knoflook	pellen en snipperen
2 el olie	verhitten, ui en knoflook daarin glazig bakken
500 g gehakt (half om half)	daarin bruin bakken, daarbij het vlees met een vork losroeren, het gehakt met
zout peper cayennepeper	op smaak brengen
2 bekertjes zure room	met
2 el gehakte peterselie	mengen, met zout, peper op smaak brengen een ovenschaal met boter inwrijven, de helft van de aardappelschijven en de preiringen erin leggen, met zout bestrooien de helft van de zure room erover verdelen, de rest van de aardappelen en de prei erop leggen, met zout bestrooien, met de rest van de room bedekken
50 g geraspte emmentaler kaas	erover strooien
wat boter	in klontjes erop leggen de schaal op het rooster in de voorverwarmde oven zetten, het gerecht goudbruin bakken.
Oven op:	ongeveer 200 graden
Baktijd:	ongeveer 30 minuten.

Mousaka

	(Foto boven)
	Van
3 middelgrote aubergines	steel afsnijden, de aubergines wassen, in ongeveer 1 cm dikke schijven snijden, eventueel met
zout	bestrooien, ongeveer 30 minuten laten staan om de bittere stoffen eruit te laten trekken, van
1 groen pepertje	steel en zaadjes verwijderen, het pepertje wassen, in ringetjes snijden, ⅓ van
1,25 dl olie	verhitten, de groente steeds met ⅓ van de olie in drie porties bakken, eruit nemen, warm houden
2 el olie	verhitten,
600 g gehakt lamsvlees (van de schouder of de bout)	daarin aanbraden
2 uien	pellen en snipperen
2 gepelde teentjes knoflook	fijndrukken
½ bosje peterselie	wassen, fijnhakken
	de drie ingrediënten aan het vlees toevoegen, goed doorbakken, met zout
basilicum	
tijm	
oregano	bestrooien, het gehaktmengsel afgedekt 5 minuten laten stoven
6-8 tomaten	wassen, de tomaten in plakjes snijden, de kroontjes eruit snijden een soufflévorm met
1 el olie	bestrijken, de helft van de aubergineplakken erin leggen, met zout, basilicum en tijm bestrooien, de helft van de tomaten erover verdelen, met zout, basilicum en tijm bestrooien, het vleesmengsel hierover verdelen, de rest van de aubergine, de peperringetjes en de plakjes tomaat erover verdelen
150 g yoghurt	erover verdelen
4-5 el geraspte kaas	erover strooien, de mousaka in de voorverwarmde oven zetten, bakken.
Oven op:	200-225 graden
Baktijd:	30-40 minuten.
Erbij:	stokbrood.

Aardappelschotel Parmentier

(Foto onder, 4-6 personen)

1 kg aardappelen	schillen, wassen, in stukken snijden, met
zout	in
water	aan de kook brengen, in ongeveer 20 minuten gaar laten koken, afgieten, meteen door de pureeknijper drukken
75 g boter	
1,25 dl melk	toevoegen, de pan op het vuur zetten, de puree kloppen tot het een smeuïge massa is, met
zout	
nootmuskaat	op smaak brengen
1 boterham	in
koud water	weken, goed uitknijpen, met
500 g gehakt (half om half)	
2 eieren	mengen
1 ui	pellen en snipperen, met
wat fijngesneden bieslook	toevoegen, het mengsel met
zout, peper	
paprikapoeder	op smaak brengen
	de helft van de aardappelpuree in een beboterde soufflévorm scheppen, het gehakt erover verdelen, de rest van de puree erover verdelen, met
2 el paneermeel	bestrooien
wat boter	in klontjes erop leggen, de vorm op het rooster in de voorverwarmde oven zetten.
Oven op:	200-225 graden
Baktijd:	ongeveer 50 minuten.

Aardappelschotel met appel en bloedworst

750 g bloemige aardappelen	schillen, wassen, in blokjes snijden, de aardappelen met
zout	in
water	aan de kook brengen, in 12-15 minuten gaar laten koken, afgieten, uit laten dampen, met
1,25 dl melk	pureren, met
zout	
peper	
nootmuskaat	op smaak brengen
2 uien	pellen, in schijven snijden
2 el olie	verhitten, de uischijven daarin glazig bakken
500 g bloedworst	ontvellen, in plakken snijden, aan de uien toevoegen, ongeveer 5 minuten bakken, met zout en peper bestrooien
1-2 el gehakte majoraanblaadjes	toevoegen
	bloedworst en uischijven uit het vet nemen, uit laten lekken, het vet apart zetten
2 middelgrote zurige appels (circa 250 g)	schillen, klokhuis eruit snijden, de appels in dunne schijfjes snijden
	de helft van de aardappelpuree in een beboterde ovenschaal scheppen, een deel van
3 el gehakte peterselie	erover strooien
	de helft van de bloedworst en de uien en dan de appelschijfjes erin leggen
	de rest van de bloedworst en uien erover verdelen, met de rest van de aardappelpuree bedekken, de rest van de peterselie erover strooien
	het gerecht met het bewaarde braadvet begieten
	de schaal op het rooster in de voorverwarmde oven zetten, goudbruin bakken.
Oven op:	ongeveer 200 graden
Baktijd:	ongeveer 30 minuten.

Pannekoekenschotel

	(Foto boven)
	Voor de vulling
3 uien	pellen en snipperen
2-3 el boter	verhitten, de uisnippers daarin glazig bakken
500 g courgettes	wassen, eventueel schillen, in schijven snijden, eventueel halveren, aan de uien toevoegen, meebakken
340 g maiskorrels (uit blik)	uit laten lekken, toevoegen
850 g tomaten (uit blik)	met het vocht toevoegen
2 tl tomaten-puree	erdoor roeren, de groenten aan de kook brengen
2 el maizena	met
1 el koud water	mengen, de groenten daarmee binden, met
zout, peper	op smaak brengen
	voor het beslag
100 g bloem	met
2,5 dl melk	
zout	mengen, ongeveer 30 minuten laten staan
150 g gekookte ham	in reepjes snijden, met
2 eieren	door het beslag roeren, goed roeren
margarine	in een koekepan verhitten, een dun laagje beslag erin gieten, aan beide kanten goudbruin bakken, warm houden
	van de rest van het beslag nog vier pannekoeken bakken
	een hoge, ronde ovenschaal met boter inwrijven, een pannekoek erin leggen, een deel van de groentevulling erover verdelen, een pannekoek erop leggen
	de groente en pannekoeken er verder in leggen, afdekken met een pannekoek
100 g roomkaas	met
4 el water	verhitten, goed roeren tot de kaas gesmolten is, over het ovengerecht gieten
	de schaal op het rooster in de voorverwarmde oven zetten, bakken, daarna meteen serveren (de porties als taartpunten snijden).
Stooftijd voor de groenten:	ongeveer 20 minuten
Baktijd voor een pannekoek:	ongeveer 5 minuten
Oven op:	ongeveer 200 graden
Baktijd:	ongeveer 20 minuten.
Erbij:	tomatensla.

Venkel-gehaktgratin

(Foto boven)

2 el olie	verhitten
500 g gehakt (half om half)	daarin kruimelig aanbraden
200 g uien	pellen, snipperen, aan het gehakt toevoegen, meebakken
circa 800 g tomaten (uit blik)	met het vocht toevoegen, laten inkoken tot een smeuïge saus is ontstaan, met
zout, peper mosterd 2 tl tijm	op smaak brengen, het mengsel in een beboterde ovenschaal leggen, van
750 g venkelknollen	het groen afsnijden, bewaren, de knollen schoonmaken, wassen, in schijven snijden, met
zout	in
kokend water	leggen, aan de kook brengen, ongeveer 4 minuten laten koken, uit laten lekken, over het gehakt verdelen, met
6 plakken (circa 200 g) belegen Goudse kaas	beleggen, de schaal op het rooster in de voorverwarmde oven zetten
	het gare gerecht eventueel met
gehakt venkelgroen	bestrooien.
Oven op:	ongeveer 200 graden
Baktijd:	20-25 minuten.

Kruidige zuurkoolschotel

(4-6 personen)

150 g doorregen spek	in blokjes snijden
50 g reuzel	smelten, de spekblokjes daarin uitbakken
250 g uien	pellen, snipperen, in het spekvet glazig bakken
1 kg aardappelen	schillen, wassen, in kleine blokjes snijden, na ongeveer 15 minuten aan het spek-uimengsel toevoegen, met
zout, peper	op smaak brengen, ongeveer 10 minuten stoven
	⅓ van het mengsel in een beboterde ovenschaal leggen
800 g zuurkool	lostrekken, de helft op het mengsel in de schaal leggen, aandrukken, met
1 tl majoraan 1 tl karwijzaad	bestrooien
4 kleine laurierblaadjes	erop leggen
4 verse worstjes	in schijven snijden, de helft erop leggen
	⅓ van het aardappelmengsel hierop leggen, de rest van de zuurkool, dan de rest van de worst erover verdelen
1 tl majoraan 1 tl karwijzaad 4 laurierblaadjes	erover verdelen
500 g appels	schillen, klokhuis verwijderen, kleinsnijden, met de rest van het aardappeluimengsel mengen, met
1 el bruine suiker	op smaak brengen, over het gerecht verdelen, de helft van
200 g crème fraîche	erover scheppen
	de schaal met deksel erop op het rooster in de voorverwarmde oven zetten, na 30 minuten het deksel van de schaal halen, af en toe de bovenste laag met een vork lostrekken, zodat het niet te donker wordt
	voor het serveren de rest van de crème fraîche erover verdelen.
Oven op:	ongeveer 225 graden
Baktijd:	ongeveer 60 minuten.

Aardappel-preischotel

1 witte boterham	in koud water weken
1 middelgrote ui	pellen en snipperen
500 g gehakt (half om half)	met het goed uitgeknepen brood en de uisnippers mengen, met
zout, peper	op smaak brengen
300 g schoongemaakte prei	in ringen snijden, wassen, uit laten lekken
	de helft van
450 g aardappelschijfjes (diepvries)	in een ingevette ovenschaal leggen, de preiringen erover verdelen, met zout,
oregano	op smaak brengen
	het vlees erover verdelen, met de rest

	van de aardappelschijfjes bedekken, met zout, oregano bestrooien
2,5 dl vleesbouillon (blokje)	met
1 el tomatenpuree	mengen, over het gerecht gieten de schaal op het rooster in de voorverwarmde oven zetten.
Oven op:	175-200 graden
Baktijd:	ongeveer 1 uur.

Courgettesoufflé Feodora

	(Foto onder, ongeveer 2 personen)
250-300 g courgette	wassen (eventueel schillen en halveren), in 1 cm dikke plakken snijden, met wat
zout kokend water	in leggen, aan de kook brengen, ongeveer 5 minuten laten koken, in een zeef uit laten lekken
100 g emmentaler kaas 100 g salami	in blokjes snijden, met
1 bekertje crème fraîche 1 ei	mengen, met
peper nootmuskaat	op smaak brengen, de courgetteplakken hierdoor scheppen het mengsel in een beboterde soufléschaal leggen, met
1 volle el paneermeel 15 g gepelde, gehakte amandelen	bestrooien
wat boter	in klontjes erover verdelen de schaal op het rooster in de voorverwarmde oven zetten.
Oven op:	175-200 graden
Baktijd:	25-30 minuten.
Erbij:	witbrood.

Pastasoufflé met ham

(Foto onder)

250 g pasta	met
zout	aan
kokend water	toevoegen, aan de kook brengen, gaar laten koken, in een zeef storten, met koud water begieten, uit laten lekken
200 g gekookte ham	in kleine blokjes snijden
60 g kaas	raspen
	de pasta, de ham en de kaas in laagjes in een beboterde ovenschaal leggen, de bovenste laag moet uit pasta bestaan
2 eieren	met
2,5 dl melk zout nootmuskaat peper	loskloppen, dit over het gerecht gieten met
2 el paneer-meel	bestrooien, met
klontjes boter	beleggen, de schaal op het rooster in de voorverwarmde oven zetten.
Kooktijd:	ongeveer 15 minuten.
Oven op:	225-250 graden
Baktijd:	ongeveer 40 minuten.
Variatie:	in plaats van de gekookte ham kunnen halfgaar gekookte champignons of plakjes tomaat worden genomen, in plaats van de eiersaus een tomatensaus nemen. In plaats van melk zure room gebruiken; het gerecht in plaats van met paneermeel met geraspte kaas bestrooien.
Erbij:	een groene sla.

Vissoufflé met dillesaus

500 g aardappelen	schillen, wassen
250 g wortelen	schoonmaken, schrappen, wassen
	beide ingrediënten in dunne schijven snijden
	de aardappelschijven met wat
zout	in
water	aan de kook brengen, ongeveer 5 minuten koken, uit laten lekken, in een beboterde ovenschaal leggen
1 el boter	smelten, de wortelschijfjes daarin verhitten, met
zout peper 2 tl suiker	op smaak brengen
2 el water	toevoegen, in gesloten pan ongeveer 10 minuten stoven
	de wortelschijfjes over de aardappelen verdelen
750 g stevige visfilet (bijv. roodbaars, leng)	eventueel in de lengte doorsnijden, graatjes verwijderen, met
2 el citroensap	besprenkelen, ongeveer 30 minuten laten staan, droogdeppen, met zout bestrooien
	voor de dillesaus
60 g boter	smelten
60 g bloem	daarin al roerend lichtgeel bakken
5 dl melk	langzaam toevoegen, met een garde kloppen, opletten dat er geen klontjes ontstaan, de saus aan de kook brengen, op laag vuur 10 minuten laten koken, met zout, peper,
8 el citroensap	op smaak brengen, wat af laten koelen,
50 g verse dille	voorzichtig afspoelen, fijnsnijden
4 eieren 100 g geraspte belegen Goudse kaas	de 3 ingrediënten na elkaar door de saus roeren
	de helft van de saus over de groenten gieten

300 g erwtjes (diepvries)	erover verdelen
	de visfilet op de erwtjes leggen, de rest van de saus erover gieten
	de schaal op het rooster in de voorverwarmde oven zetten.
Oven op:	± 30 minuten 175-200, dan ± 20 minuten op 225 graden
Baktijd:	ongeveer 50 minuten.
Opmerking:	het gerecht kan er erg vochtig uitzien, maar na het openbreken van de korst trekt het vocht in de groenten - dit maakt het gerecht bijzonder lekker.

Koolschotel

(Foto boven)

	Van
1 kg savooiekool	de lelijke buitenste bladeren verwijderen, de kool in achten snijden, de stronk eruit snijden, de kool wassen, in reepjes snijden
1 ui	
1 teentje knoflook	beide ingrediënten pellen, kleinsnijden, met de koolreepjes en
zout	in
water	aan de kook brengen, ongeveer 15 minuten laten koken, in een zeef uit laten lekken, het kookvocht opvangen
200 g volkorenbrood	in repen snijden
250 g kaas	grof raspen
	in een beboterde ovenschaal de kool, het brood en de kaas leggen, de bovenste laag moet uit kaas bestaan, het kookvocht met
vleesbouillon (blokje)	tot 7,5 dl aanvullen, met
2,5 dl witte wijn	mengen, over het koolgerecht gieten
	de schaal op het rooster in de voorverwarmde oven zetten
	het koolgerecht in soepborden serveren.
Oven op:	ongeveer 225 graden
Baktijd:	25-30 minuten.

Hongaarse zuurkoolschotel

(Foto onder)

50 g reuzel	verhitten
750 g zuurkool	lostrekken, kort daarin verhitten
2,5 dl water	
2 kleine laurier-blaadjes	
zout	
suiker	
peper	toevoegen, de zuurkool gaar laten stoven (het vocht moet door de zuurkool opgenomen zijn)
	de zuurkool met zout, suiker, peper op smaak brengen
1 l water	met
zout	aan de kook brengen
125 g rijst	toevoegen, aan de kook brengen, 12-15 minuten laten koken, de gare rijst in een zeef storten, even onder de koude kraan houden
1 middel-grote ui	pellen en snipperen, in
5 el water	verhitten tot het water is verdampt
2 el reuzel	toevoegen, laten smelten
375 g gehakt (half om half)	met zout, peper op smaak brengen, in de reuzel aanbraden, dan de rijst erdoor scheppen
1 rookworst	in schijven snijden
	zuurkool, vlees en worst in lagen in een beboterde ovenschaal leggen, de bovenste laag moet uit zuurkool en plakjes worst bestaan
	het gerecht met
3 bekertjes zure room	begieten
	de schaal op het rooster in de voorverwarmde oven zetten.
Kooktijd voor de zuurkool:	ongeveer 50 minuten
Oven op:	225-250 graden
Baktijd:	20-40 minuten.
Erbij:	volkorenbroodjes.

Groentegratin

(Foto rechts)

500 g aardappelen	schillen, wassen, in schijfjes snijden, 5 minuten in
kokend gezouten water	blancheren, met een schuimspaan eruit scheppen, uit laten lekken, in een beboterde ovenschaal leggen
1-2 uien	
1 teentje knoflook	beide pellen en snipperen
1 el olie	verhitten, ui en knoflook daarin glazig bakken
1 kg gehakt (half om half)	toevoegen, bakken en losroeren, met
zout	
witte peper	op smaak brengen
4 blaadjes salie	onder de koude kraan afspoelen, droogdeppen, hakken, toevoegen
	⅓ van het gehaktmengsel over de aardappelen verdelen
400 g wortelen	schoonmaken, schrappen, wassen, in schijfjes snijden, 3 minuten blancheren, met een schuimspaan eruit scheppen, uit laten lekken, over het gehakt verdelen
	de helft van de rest van het gehakt over de wortelen verdelen
	van
350 g courgette	de punten afsnijden, de courgette wassen, in schijven snijden, 3 minuten in kokend water met wat zout blancheren, met een schuimspaan eruit scheppen, uit laten lekken, over het gehakt verdelen, de rest van het gehakt hierop leggen
250 g tomaten	met kokend water begieten, in koud water laten schrikken, ontvellen, de kroontjes wegsnijden, de tomaten in plakjes snijden, over het gehakt verdelen, met zout, peper bestrooien
4 blaadjes salie	onder de koude kraan voorzichtig afspoelen, droogdeppen, fijnhakken, over de tomaten strooien
200 g Goudse kaas	raspen, met

3 el paneer-meel	mengen, over de tomaten verdelen
wat boter	in klontjes daarop leggen
	de schaal op het rooster in de voorverwarmde oven zetten.
Oven op:	ongeveer 200 graden
Baktijd:	ongeveer 30 minuten.
Erbij:	stokbrood, witte wijn.
Variatie:	in plaats van het gemengde gehakt lamsgehakt gebruiken en met tijm kruiden.

Macaroni-roomschotel

250 g macaroni met
zout aan
ruim
kokend water toevoegen, aan de kook brengen, ongeveer 10 minuten laten koken, in een zeef storten, even onder de koude kraan houden, uit laten lekken
3,75 dl
slagroom met
3 eierdooiers
125 g
geraspte
Zwitserse
kaas mengen, met
zout
versgemalen
peper
nootmuskaat op smaak brengen, de macaroni met de kaasroom mengen, in een beboterde ovenschaal scheppen, de schaal op het rooster in de voorverwarmde oven zetten.
Oven op: 225-250 graden
Baktijd: ongeveer 45 minuten.
Erbij: tomatensaus, gemengde salade.

Uien uit de oven

(Foto boven)

1 kg kleine uien pellen, de kleine met een vork inprikken, grotere halveren of in vieren snijden, in een beboterde ovenschaal leggen
250 g gekookte
ham in dunne reepjes snijden, over de uien strooien

3 bekertjes crème fraîche	loskloppen, erover verdelen de schaal op het rooster in de voorverwarmde oven zetten.
Oven op:	ongeveer 200 graden
Baktijd:	60-70 minuten.
Erbij:	bruin stokbrood, salade.

Aardappelschotel met kip

(Foto boven)

1 gebraden kip	in stukken snijden, het vlees van de botten halen, in stukjes snijden
1 kg aardappelen	koken, in schijven snijden
100 g doorregen spek	in blokjes snijden
3 el olie	verhitten, de spekblokjes daarin uitbakken
1 teentje knoflook	pellen, door de knoflookpers op de aardappelen drukken
1 ui	pellen en snipperen, toevoegen, de aardappelen met
tijm zout peper paprikapoeder	op smaak brengen het vlees toevoegen, kort meebakken het mengsel in een ovenschaal leggen
3 el reuzel	smelten, erover gieten de schaal onder de voorverwarmde grill zetten, het gerecht bruin laten worden.
Erbij:	groene salade.

Boerenkool uit de oven

(Foto links)

1,5 kg boerenkool schoonmaken, wassen, grof hakken
2 uien pellen en snipperen
⅓ van
60 g reuzel of ganzevet smelten, de uisnippers daarin glazig bakken, de kool met
2,5 dl water toevoegen, in een gesloten pan ongeveer 1 uur laten stoven, met
zout, peper op smaak brengen
250 g rookworst in plakjes snijden
500 g aardappelen schillen, wassen, in schijfjes snijden, met zout in
water aan de kook brengen, ongeveer 7 minuten koken, afgieten
500 g zurige appels schillen, klokhuis verwijderen, de appels in dikke schijfjes snijden
¼ van de boerenkool in een beboterde ovenschaal leggen, de worst-, aardappel- en appelschijfjes erover verdelen, met de rest van de boerenkool bedekken
2-3 uien pellen, in ringen snijden
de rest van de reuzel verhitten, de uiringen daarin glazig bakken
80 g paneermeel toevoegen, kort meebakken, over de boerenkool verdelen
de schaal op het rooster in de voorverwarmde oven zetten.
Oven op: ongeveer 200 graden
Baktijd: ongeveer 30 minuten.

Kipperagoût in bladerdeeg

(Foto rechts)

Van
1 pakje bladerdeeg de deegplakjes naast elkaar leggen, bij kamertemperatuur laten ontdooien
500 g kipfilet in blokjes snijden
2 el olie verhitten, de vleesblokjes daarin goed aanbraden, met
zout, peper bestrooien
250 g gekookte champignons in plakjes,
1,25 dl witte wijn
200 g gekookte cantharellen
3 el slagroom toevoegen, goed mengen, verhitten
de ragoût in een beboterde souffléschaal leggen
wat bieslook wassen, droogdeppen, fijnsnijden, over de ragoût strooien
de bladerdeegplakjes over elkaar leggen, uitrollen ter grootte van de soufflévorm
de rand van de vorm met water bestrijken, de deegplak erop leggen, rondom vastdrukken, de deegresten die over de rand hangen afsnijden, uitrollen, wat vormpjes eruit steken, aan de onderkant met
geklopte eierdooier bestrijken, op het deegoppervlak leggen
in het midden van het deeg een klein gat maken zodat de damp kan ontsnappen
het deegoppervlak met geklopte eierdooier bestrijken
de vorm op het rooster in de voorverwarmde oven zetten.
Oven op: ongeveer 200 graden
Baktijd: 35-40 minuten.

Spitskool-gortschotel met tuinkerssaus

	(Foto onder)
25 g boter	smelten
100 g gort	daarin al roerend verhitten de helft van
8 dl groente-bouillon (blokje)	toevoegen, roeren, aan de kook brengen, ongeveer 10 minuten zacht koken, wat af laten koelen van
1 spitskool (circa 1,2 kg)	de lelijke bladeren verwijderen, de grote buitenste bladeren van de stronk halen, de nerven vlaksnijden, de koolbladeren wassen, in gedeelten in
kokend gezouten water	leggen, 2-3 minuten laten koken, uit laten lekken een waterbadvorm (ongeveer 2 l inhoud) met boter inwrijven de vorm zo met de koolbladeren bekleden dat ze over de rand heen hangen de rest van de spitskool in reepjes snijden, wassen, uit laten lekken
25 g boter	smelten, de spitskoolreepjes daarin ongeveer 5 minuten smoren, met
zout	
nootmuskaat	op smaak brengen, apart zetten
250 g wortelen	schoonmaken, schrappen, wassen, in fijne reepjes snijden
25 g boter	smelten, de wortelreepjes daarin ongeveer 5 minuten verhitten, met zout,
suiker	op smaak brengen
150 g doperwten (diepvries)	toevoegen
3 eieren	met
1 el mosterd	
1,25 dl slagroom	loskloppen, met de gort mengen, met zout, nootmuskaat op smaak brengen na elkaar koolreepjes, erwtjes, wortelreepjes en dan weer koolreepjes in de vorm leggen, daarbij het gortmengsel gelijkmatig tussen elke laag leggen de vorm af en toe even op het aanrecht stoten zodat alles goed ineenzakt de koolbladeren over de vulling vouwen
100 g gruyère of emmentaler kaas	grof raspen, over de kool verdelen de vorm sluiten in een braadslee zetten die gevuld is met water
oven op:	ongeveer 175 graden
baktijd:	1½ uur de vorm uit het waterbad halen, openen, ongeveer 5 minuten laten staan, dan voorzichtig op een schaal storten, het gerecht warm houden
	voor de tuinkerssaus
50 g boter	smelten
30 g bloem	al roerend daarin verhitten tot het mengsel lichtgeel is, de rest van de groentebouillon (4 dl) toevoegen, met een garde kloppen, opletten dat er geen klontjes ontstaan aan de kook brengen, ongeveer 10 minuten al roerend laten koken
100 g crème fraîche	erdoor roeren, met
zout	
peper	op smaak brengen de inhoud van
2 bakjes tuinkers	wassen, de blaadjes afsnijden, door de saus roeren, kort verhitten de tuinkerssaus bij het gerecht serveren.
Kooktijd:	ongeveer 15 minuten.
Erbij:	aardappelen in de schil.

Pastagratin

(Foto boven)

500 g prei	schoonmaken, in de lengte doorsnijden, wassen, in fijne ringen snijden
125 g pasta	met wat zout in
kokend water	leggen, weer aan de kook brengen, ongeveer 5 minuten laten koken, de prei toevoegen, ongeveer 3 minuten meekoken
	pasta en prei uit laten lekken
	een soufflévorm (doorsnede ongeveer 26 cm) met boter inwrijven, met
1-2 el paneermeel	bestrooien
	het pasta-preimengsel erover verdelen
125 g gekookte ham	in blokjes snijden, erover verdelen
125 g emmentaler kaas	grof raspen
3 eieren	door
2,5 dl slagroom	roeren, met
zout	
cayennepeper	op smaak brengen, gelijkmatig over het pastamengsel gieten, de kaas erover strooien, de vorm op het rooster in de voorverwarmde oven zetten.
Oven op:	ongeveer 225 graden
Baktijd:	30-50 minuten.
Erbij:	een groene sla.

Roodlof-pastaschotel

(Foto onder)

	Van
ongeveer 500 g roodlof	de worteleinden en de lelijke bladeren verwijderen, de roodlof in achten snijden, wassen, goed uit laten lekken, in een beboterde ovenschaal leggen, met
zout, peper	bestrooien
2,5 dl slagroom	erover gieten, de vorm afgedekt op het rooster in de voorverwarmde oven zetten
oven op:	ongeveer 225 graden
baktijd:	ongeveer 15 minuten
250 g lint-macaroni	met
zout	aan
3 l kokend water	toevoegen, aan de kook brengen, ongeveer 15 minuten laten koken, afgieten
circa 30 g gesmolten boter	erdoor scheppen
150 g gekookte ham	in reepjes snijden
	pasta, hamreepjes,
150 g Parmezaanse kaas	met de roodlof mengen
	de vorm weer in de oven zetten, nog 20 minuten bakken.

Boontjes-paprikaschotel

(Foto rechts)

750 g sperziebonen	afhalen, wassen, in stukken breken, met
zout	in
water	aan de kook brengen, ongeveer 25 minuten laten koken, uit laten lekken, van
750 g rode paprika's	steel, zaad en zaadlijsten verwijderen, paprika's wassen, in het bonenvocht aan de kook brengen, ongeveer 5 minuten laten koken, uit laten lekken
500 g varkens-fricandeau	in blokjes snijden
2 el olie	verhitten, de vleesblokjes goed daarin aanbraden
4 laurier-blaadjes	toevoegen, het vlees met
zout	
peper	
cayennepeper	op smaak brengen, apart zetten
400 g milde schapekaas	in kleine blokjes snijden, met
2 dl zure room	mengen
40 g boter	smelten
40 g bloem	al roerend daarin verhitten tot het mengsel lichtgeel is
2,5 dl melk	toevoegen, met een garde kloppen, opletten dat er geen klontjes ontstaan de saus aan de kook brengen, ongeveer 10 minuten al roerend laten koken, van het vuur nemen, het kaas-roommengsel erdoor roeren, langzaam
4 eieren	erdoor kloppen
2 teentjes knoflook	pellen, door de pers drukken, toevoegen, met
peper	op smaak brengen
	de helft van boontjes, paprika en vlees in een beboterde ovenschaal leggen
	de helft van de kaassaus erover verdelen
	de rest van de ingrediënten erop leggen,
	de rest van de kaassaus erover gieten
	de schaal op het rooster in de voorverwarmde oven zetten
Oven op:	ongeveer 225 graden
Baktijd:	ongeveer 45 minuten.
	Het gerecht eventueel na 30 minuten afdekken zodat het niet te donker wordt
wat bonekruid	afspoelen, droogdeppen, fijnhakken, over het gare gerecht strooien.

Kersen-kwarksoufflé

(Foto boven)

100 g boter	smeuïg roeren, langzaam
100 g suiker	
6 eierdooiers	erdoor roeren
500 g magere kwark	met
100 g griesmeel	aan het mengsel toevoegen, erdoor roeren met
geraspte schil van 1 citroen	
1-2 el citroensap	op smaak brengen
6 eiwitten	met
een snufje zout	stijfkloppen, door het kwarkmengsel scheppen
750 g kersen (diepvries)	erdoor scheppen het mengsel in een beboterde ovenschaal leggen, gladstrijken de schaal op het rooster in de voorverwarmde oven zetten eventueel de laatste minuten met aluminiumfolie afdekken.
Oven op:	ongeveer 225 graden
Baktijd:	45-50 minuten.
Tip:	deze soufflé is –met een soep als voorgerecht– een zomers hoofdgerecht.

Pruimensoufflé met vanillesaus

1 kg pruimen	wassen, afdrogen, doorsnijden, ontpitten
30 g lange vingers	in een plastic zak doen, verkruimelen, met
2 pakjes vanillesuiker	met de pruimen mengen, het mengsel in een beboterde ovenschaal (doorsnede circa 24 cm) doen
70 g boter	met
70 g suiker	
1 pakje	

vanillesuiker	schuimig roeren, langzaam
4 eierdooiers	erdoor roeren
75 g gemalen hazelnoten	met
50 g gezeefde bloem	
2 el Amaretto (amandellikeur)	erdoor roeren
4 eiwitten	stijfkloppen, ⅓ door het deeg roeren, ⅔ voorzichtig erdoor scheppen, het deeg over de pruimen verdelen, gladstrijken, met
25 g gehakte hazelnoten	bestrooien
	de vorm op het rooster in de voorverwarmde oven zetten
Oven op:	ongeveer 175 graden
Baktijd:	ongeveer 1 uur
	voor de vanillesaus
1 pakje vanillesauspoeder	met 3 eetlepels van
5 dl melk	mengen
½ vanillestokje	in de lengte doorsnijden, het merg eruit schrapen
	het merg met de rest van de melk aan de kook brengen
40 g suiker	
mespuntje zout	toevoegen, het aangeroerde poeder al roerend aan de van het vuur genomen melk toevoegen, kort opkoken
1 eierdooier	met
0,5 dl slagroom	loskloppen, door de saus roeren, de saus af laten koelen.

Fijne aalbessensoufflé

(Foto onder)

375 g rode bessen	wassen, uit laten lekken, van de steeltjes ritsen, in een ronde soufflévorm doen
2 eieren	met
50 g suiker	
1 pakje vanillesuiker	smeuïg roeren
40 g bloem	
1 el kirsch	
2 el crème fraîche	erdoor roeren
	het mengsel gelijkmatig over de aalbessen verdelen
	de vorm op het rooster in de voorverwarmde oven zetten
Oven op:	ongeveer 200 graden
Baktijd:	ongeveer 35 minuten.

Rabarbersoufflé

(Foto boven)

1 kg rabarber	wassen, in ongeveer 2 cm lange stukken snijden (niet schillen), met
5 volle el suiker	bestrooien
	zodra de rabarber sap getrokken heeft
de geraspte schil van 1 citroen	toevoegen, de rabarber zacht laten koken
3 el boter	smelten
circa 200 g verkruimelde beschuit	daarin bakken
3 volle el suiker	met
2 pakjes vanillesuiker	mengen, toevoegen, al roerend meebakken
	beschuitkruimels en rabarbercompôte afwisselend in lagen in een beboterde soufflévorm leggen
2 eiwitten	stijfkloppen, met
2 volle el suiker	op smaak brengen
	gelijkmatig over de rabarbersoufflé verdelen
	de soufflévorm op het rooster in de voorverwarmde oven zetten, de eiersneeuw goudgeel bakken.
Kooktijd voor de rabarber:	5-10 minuten
Oven op:	ongeveer 250 graden
Baktijd:	3-5 minuten.

Abrikozenpie

(Foto rechts)

	Voor het deeg
200 g bloem	op het aanrecht zeven, in het midden een kuiltje drukken
175 g koude boter	in stukjes snijden, in het kuiltje leggen
¼ tl zout	toevoegen
3 el ijswater	toevoegen, de ingrediënten snel tot een glad deeg kneden
	van het deeg een rechthoek van 15 x 50 cm rollen, de deeglap zo over elkaar slaan dat er drie lagen ontstaan, 20-30 minuten in de koelkast leggen
	het deeg weer tot een rechthoek uitrollen, weer over elkaar slaan, weer in de koelkast leggen
	dit 2 tot 3 keer herhalen
1 kg abrikozen	met kokend water begieten, in koud water laten schrikken, ontvellen, halveren, ontpitten

2,5 dl witte wijn	met
2 el citroensap	
50 g suiker	aan de kook brengen, de abrikozen-helften daarin in gedeelten 5 minuten laten koken, goed uit laten lekken, af laten koelen, met
6 el curaçao triple sec	begieten, afgedekt enige tijd laten intrekken, van het deeg een stuk afnemen en dit tot een ongeveer 80 cm lange rol vormen de rand van een pievorm met koud water bestrijken, de deegrol tegen de rand leggen, omhoog drukken de abrikooshelften in de vorm leggen, met
3 el citroengelei	bestrijken, met
3 el gepelde, geschaafde amandelen	bestrooien van de rest van het deeg een deksel vormen (iets groter dan de vorm), op de amandelen leggen, het uitstekende deeg bij de rand afsnijden het deeg licht tegen de rand drukken eventueel van de deegresten figuren vormen, over het oppervlak verdelen
1 eierdooier	met
1 el koud water	loskloppen, het deegoppervlak daarmee bestrijken de pievorm op het rooster in de voorverwarmde oven zetten.
Oven op:	ongeveer 225 graden
Baktijd:	ongeveer 20 minuten.

Abrikozensoufflé

(Foto onder)

500 g abrikozen	wassen, halveren, ontpitten, door een zeef wrijven of in de keukenmachine pureren
4 eierdooiers	met
heet water	schuimig kloppen in gedeelten ⅔ van
100 g suiker	toevoegen, kloppen tot een smeuïg mengsel is ontstaan
2 el maizena (20 g)	met de abrikozen door het eiermengsel roeren
4 eiwitten	stijfkloppen, de rest van de suiker hier in gedeelten door scheppen (niet roeren) het mengsel bergvormig op een beboterde vuurvaste platte schaal of in een vorm scheppen, in de voorverwarmde oven zetten
wat boter	in klontjes erover verdelen na het bakken met
poedersuiker	bestrooien, meteen serveren.
Oven op:	175-200 graden
Baktijd:	25-30 minuten.

Eiersoufflé

Omelette soufflé

4 eierdooiers	met de garde schuimig kloppen, langzaam ⅔ van
100 g suiker	toevoegen kloppen tot het een crèmeachtig mengsel is geworden
4 eiwitten	stijfkloppen, langzaam de rest van de suiker erdoor kloppen het eiwit op het eierdooiermengsel scheppen
2 el maizena	erop zeven, alles voorzichtig door de eierdooiercrème scheppen (niet roeren), in een beboterde ovenschaal in de voorverwarmde oven zetten na het bakken met

poedersuiker	bestrooien, meteen serveren.
Oven op:	175-200 graden
Baktijd:	20-25 minuten.

Kwarksoufflé

(Foto boven)

50 g boter	smeuïg roeren, langzaam
125 g suiker	
1 pakje vanillesuiker	
2 eieren	
2 druppels citroenaroma	
zout	
500 g kwark	erdoor roeren
125 g griesmeel	met
1 pakje puddingpoeder, vanille	
3 afgestreken tl bakpoeder	mengen, in gedeelten erdoor roeren
500 g appels	schillen, klokhuis verwijderen, in kleine blokjes snijden
30 g rozijnen	uitzoeken
	beide ingrediënten door het deeg scheppen, in een beboterde ovenschaal doen
wat boter	in klontjes erop legen
	de schaal op het rooster in de voorverwarmde oven zetten.
Oven op:	175-200 graden
Baktijd:	50-70 minuten.
Tip:	als het deeg te droog is, 4-5 el melk toevoegen.

Abrikozen-rijstsoufflé

(Foto onder)

5 dl melk *½ tl zout* *een stukje citroenschil*	met
	aan de kook brengen
150 g paprijst (ronde korrel)	toevoegen, aan de kook brengen, in ongeveer 40 minuten gaar laten koken
60 g zachte boter	met
2 el suiker *2 eierdooiers* *geraspte citroenschil*	in een kom goed door elkaar roeren, de rijstebrij erdoor scheppen
2 eiwitten	stijfkloppen, erdoor scheppen
circa 500 g gekookte abrikooshelften	uit laten lekken
	de helft van het rijstmengsel in een ronde beboterde soufflévorm scheppen, de abrikozen erop leggen, met de rest van het rijstmengsel bedekken
wat boter	in klontjes erop leggen
	de vorm op het rooster in de voorverwarmde oven zetten.
Oven op:	175-200 graden
Baktijd:	ongeveer 40 minuten.

Pruimen-perensoufflé

(4-6 personen)

500 g peren	schillen, halveren, klokhuis verwijderen, de peerhelften met
2 el citroensap	besprenkelen, met het snijvlak omlaag in een beboterde ovenschaal leggen
50 g gehakte hazelnoten	met
50 g paneermeel *50 g bruine suiker*	mengen, een derde van het mengsel over de peren strooien
1 kg pruimen	wassen, halveren, ontpitten, met
1,25 dl water	aan de kook brengen, ongeveer 5 minuten laten koken
	de pruimen over de peren verdelen, met de rest van het paneermengsel bestrooien
	voor het deeg
40 g boter	smeuïg roeren, langzaam
4 eierdooiers	erdoor roeren
50 g suiker	al roerend verhitten tot het mengsel goudgeel is
20 g boter	daarin smelten
2,5 dl slagroom	toevoegen, al roerend laten koken tot de karamel weer vloeibaar is
	het karamelmengsel langzaam door het boter-eimengsel roeren
50 g gehakte hazelnoten *100 g gezeefde bloem*	beide ingrediënten erdoor roeren
	het deeg af laten koelen
4 eiwitten	met
een mespunt zout	stijfkloppen, ⅓ door het karamelmengsel roeren, ⅔ voorzichtig erdoor scheppen
	het deeg over de vruchten verdelen, gladstrijken
	de soufflévorm op het rooster in de voorverwarmde oven zetten, eventueel de laatste 5 minuten met ingevet aluminiumfolie afdekken.
Oven op:	ongeveer 175 graden
Baktijd:	30-35 minuten.

Aardbeiensoufflé

(Foto rechts, 6 personen)

750 g aardbeien	voorzichtig wassen, halveren, ⅔ van de aardbeien met
20 g suiker	bestrooien, sap laten trekken
	de rest van de aardbeien met
150 g suiker	in de keukenmachine pureren, in de koelkast zetten

60 g bloem met
zout
2 eierdooiers
1,25 dl
melk
geraspte
schil van
1 citroen
versgeraspte
nootmuskaat
30 g suiker mengen, de helft van het deeg in een beboterde ovenschaal leggen, de gesuikerde aardbeien zonder sap erop leggen, de rest van het deeg erover verdelen
de schaal op het rooster in de voorverwarmde oven zetten
oven op: ongeveer 200 graden
baktijd: ongeveer 45 minuten
2 eiwitten zeer stijf kloppen, ⅓ door de aardbeienpuree scheppen, het getrokken aardbeiesap erdoor roeren, ⅔ van het eiwit voorzichtig erdoor scheppen
het mengsel over de soufflé strijken
de vorm weer in de oven zetten.
Oven op: ongeveer 175 graden
Baktijd: 20-25 minuten.

Appelsoufflé

500 g appels	schillen, klokhuis verwijderen, de appel in schijfjes snijden
2 eieren	met
125 g suiker	schuimig kloppen
1 el citroensap	toevoegen
125 g bloem	
2 afgestreken tl bakpoeder	mengen, zeven, erdoor roeren
	het deeg afwisselend in lagen met de appelschijfjes in een beboterde ovenschaal leggen, de bovenste laag moet uit deeg bestaan
	de schaal op het rooster in de voorverwarmde oven zetten.
Oven op:	175-200 graden
Baktijd:	ongeveer 30 minuten.
Variatie:	in plaats van appel bosbessen, ontpitte kersen of pruimen nemen.
Erbij:	vanillesaus.

Kwarkcrèmesoufflé

(Foto boven)

2 pakjes puddingpoeder, vanille	met ⅔ van
200 g suiker	mengen
2,5 eierdooier	toevoegen, met 1,25 dl van
5 dl melk	mengen, de rest van de melk aan de kook brengen
	het puddingpoeder door de van het vuur genomen melk roeren, aan de kook brengen, even laten opkoken

	de pan van het vuur nemen
½ flesje citroenaroma	
750 g kwark	toevoegen, al roerend een keer opkoken het hete mengsel in een schaal gieten
50 g rozijnen	uitzoeken, erdoor roeren
3 eiwitten	stijfkloppen, de rest van de suiker in gedeelten erdoor kloppen, ten slotte door het kwarkmengsel scheppen, in een beboterde ovenschaal doen, gladstrijken
½ eierdooier	met
1 el melk	loskloppen, de soufflé daarmee bestrijken, de schaal in de voorverwarmde oven zetten.
Oven op:	175-200 graden
Baktijd:	60-70 minuten.

Zwabisch ovengerecht

(Foto onder)

4 broodjes (van de vorige dag)	in schijven snijden de helft dakpansgewijze in een beboterde ovenschaal leggen
2 zurige appels	schillen, halveren, klokhuis verwijderen, de appelhelften in schijfjes snijden, met
4 el cider of appelsap	
30 g suiker	aan de kook brengen, met het deksel erop gaar laten trekken, de appelschijfjes moeten nog stevig zijn, met
40 g gepelde geschaafde amandelen	
50 g uitgezochte rozijnen	over de broodschijven verdelen, de rest van het brood erop leggen
3 eieren	met
2,75 dl melk	
50 g suiker	
geraspte schil van 1 citroen	mengen, over het brood gieten, met
30 g gesmolten boter	besprenkelen de vorm op het rooster in de voorverwarmde oven zetten.
Oven op:	175-200 graden
Baktijd:	45-50 minuten. Het gerecht meteen serveren.

Ananas uit de oven

	De helft van
8 schijven ananas (uit blik)	in een beboterde ovenschaal leggen, de schijven met
2 el sinaasappelmarmelade	bestrijken, de rest van de ananasschijven daarop leggen
50 g boter	smelten
100 g havervlokken	
50 g suiker	
50 g gepelde gehakte amandelen	toevoegen, alles mengen, over de ananasschijven verdelen de schaal in de voorverwarmde oven zetten.
Oven op:	ongeveer 200 graden
Baktijd:	ongeveer 10 minuten.

Perziken met roomsaus

	(Foto onder)
6-8 perziken	met kokend water begieten, in koud water laten schrikken, ontvellen, doorsnijden, ontpitten
3,75 dl halfdroge witte wijn	met
2-3 el suiker	
1 stukje pijpkaneel	aan de kook brengen, de stukken perzik toevoegen, aan de kook brengen, in gesloten pan 3-4 minuten koken, uit laten lekken de perzikstukken in een goed beboterde ovenschaal leggen, wat perziksap erover gieten
2,5 dl slagroom	stijfkloppen, met
2 eierdooiers	mengen
2-3 el beschuitkruimels	erdoor scheppen, met
vanillesuiker	op smaak brengen de saus over de perziken gieten de schaal op het rooster in de voorverwarmde oven zetten.
Oven op:	ongeveer 200 graden
Baktijd:	15-20 minuten.

Rijstsoufflé

	(Foto rechts)
1 l melk	met
zout	aan de kook brengen
200 g paprijst	toevoegen, aan de kook brengen, gaar maar niet te zacht koken, af laten koelen
50 g boter	schuimig roeren, langzaam
75 g suiker	
1 pakje vanillesuiker	
3 eieren	
2 druppels amandelaroma	
4 druppels citroenaroma	aan de rijst toevoegen
1 pakje vanillepudding	met
1 tl bakpoeder	mengen, zeven, erdoor roeren
1 el gepelde gemalen amandelen	
1 el rozijnen	door het mengsel roeren, in een beboterde ovenschaal leggen het gerecht met
paneermeel	bestrooien
wat boter	in klontjes erop leggen, de schaal op het rooster in de voorverwarmde oven zetten.
Kooktijd:	ongeveer 30 minuten.
Oven op:	200-225 graden
Baktijd:	40-50 minuten.
Variatie:	300 g geschilde, in schijven gesneden appels met 1-2 el suiker mengen, met de amandelen en rozijnen door het mengsel scheppen, de rijst dan echter in slechts 7,5 dl melk koken.

Kwarksoufflé met pruimen

(Foto boven)

500 g pruimen (diepvries)	in een beboterde soufflévorm leggen
25 g suiker	met
1 tl kaneel	mengen, erover strooien
500 g magere kwark	met
3 eierdooiers	
75 g gesmolten boter	
1 el maizena	
2 pakjes vanillesuiker	
2 el rum	
geraspte schil van 1 citroen	
2 el citroensap	
100 g suiker	mengen
3 eiwitten	
zout	zeer stijf kloppen, door het kwarkmengsel scheppen, over de pruimen verdelen, gladstrijken de vorm op het rooster in de voorverwarmde oven zetten.
Oven op:	175-200 graden
Baktijd:	55-60 minuten.

Kersen op rijst uit de oven

5 dl melk	aan de kook brengen
125 g rijst (ronde korrel)	met
zout	door de melk roeren, aan de kook brengen, de rijst in ongeveer 30 minuten gaar laten koken, van het vuur nemen
2 eierdooiers	met
40 g suiker	
1 pakje vanillesuiker	

4 druppels citroenaroma	erdoor roeren
	de rijst op het vuur al roerend verhitten tot het licht gebonden is, warm houden
circa 500 g gekookte kersen	met
1,25 dl rode wijn	verhitten
30 g maizena	met
1 el suiker	
3 el koud water	mengen, de kersen hiermee binden, een keer opkoken, de rijst in een beboterde ovenschaal leggen, gladstrijken, de kersen erover verdelen
2 eiwitten	stijfkloppen
50 g geraspte pure chocolade	erdoor trekken, de eiersneeuw over de kersen scheppen
	de schaal op het rooster in de voorverwarmde oven zetten
Oven op:	225-250 graden
Baktijd:	5-8 minuten.

Compôtesoufflé met eiwithoedje

(Foto onder)

2,5 dl hete melk	met
5 druppels rumaroma	mengen
100 g (circa 9) beschuiten	daarin weken
200 g pruimencompôte	
150 g perencompôte	
150 g appelcompôte	uit laten lekken, in een beboterde souffléschaal leggen, de doorweekte beschuiten dicht naast elkaar erop leggen
	van
5 dl melk	
1 pakje vanillepudding	
50 g suiker	
1 eierdooier	
6 el koude melk	een vanillepudding bereiden
	de pudding over de beschuiten verdelen
1 eiwit	stijfkloppen, met
1 tl suiker	zoet maken, gelijkmatig over de pudding strijken
	de souffléschaal op het rooster in de voorverwarmde oven zetten.
Oven op:	175-200 graden
Baktijd:	15-20 minuten.

Morellen-kwarksoufflé

3 eierdooiers	met
125 g suiker	schuimig kloppen, met
75 g griesmeel	
2 el citroensap	
500 g magere kwark	mengen
3 eiwitten	stijfkloppen, voorzichtig door de kwark scheppen
460 g ontpitte, gekookte morellen	goed uit laten lekken, door het mengsel roeren, in een beboterde, vlakke ovenschaal op het rooster in de voorverwarmde oven zetten.
Oven op:	200-225 graden
Baktijd:	ongeveer 35 minuten.
Erbij:	slagroom.

Appel-ovenschotel

6 kleine appels (circa 600 g)	schillen, klokhuis eruit steken, de appels in een vlakke ovenschaal zetten, met
1-2 el suiker	bestrooien, met
1-2 el witte wijn	besprenkelen, de schaal op het rooster in de voorverwarmde oven zetten
oven op:	200-225 graden
baktijd:	30-40 minuten
	de appels met
rode-bessenjam	vullen
	voor de vanillecrème
2,5 dl melk	met
het merg van ½ vanillestokje	aan de kook brengen
1 niet te volle el maizena	met
1 volle el suiker	
1 eierdooier	
2-3 el koude melk	mengen, al roerend aan de van het vuur genomen melk toevoegen, even aan de kook brengen, over de appels gieten
1 eiwit	met
1 el suiker	stijfkloppen, de eiersneeuw op de vanillecrème scheppen, met
suiker	bestrooien
	het gerecht in de voorverwarmde oven zetten, goudgeel bakken.
Oven op:	225-250 graden
Baktijd:	5-7 minuten.
Erbij:	kokoskoeken.

Perzikgratin

(Foto onder)

4 perziken	met kokend water begieten, in koud water laten schrikken, ontvellen, halveren, ontpitten
1,25 dl witte wijn	met
2 el honing	
citroensap	
een pijpje kaneel	aan de kook brengen, de perzikhelften toevoegen, aan de kook brengen, in gesloten pan 3-4 minuten zacht laten koken
	de perzikhelften uit laten lekken, in een beboterde ovenschaal leggen
	het perzikvocht wat in laten koken, van het vuur nemen, langzaam
3 eierdooiers	erdoor kloppen
3 eiwitten	stijfkloppen, erdoor scheppen
	het mengsel over de perzikhelften verdelen, gladstrijken
	op het rooster in de voorverwarmde oven zetten.
Oven op:	ongeveer 200 graden
Baktijd:	12-15 minuten.

Keukentips

Ze zijn in de tijd van het grote calorieën tellen een beetje uit de mode geraakt. Men vond dat ze een middag- of avondmaaltijd en zelfs een feestmaaltijd onnodig zwaar maakten. Zo raakten de vroeger zo geliefde rundvleessoep, de heerlijke kippesoep en zelfs de kostelijke lentesoep, met veel jonge groenten, uit de gratie. Hun plaats werd ingenomen door warme en koude voorgerechten.
Intussen beginnen we echter berouwvol terug te keren naar de soepterrine met zijn heerlijk geurende en dampende inhoud. Voor een deel komt dat doordat we kennis hebben gemaakt met recepten uit andere landen en streken. Ook de minestrone of de bouillabaisse, de kreeftbouillon en de goelasjsoep, de truffelsoep of de paddestoelbouillon zijn tenslotte soepen – en wat voor soepen!

Soepen kunnen heerlijk, krachtig en verfijnd zijn, maar ze kunnen ook uitgelezen culinaire belevenissen zijn. We moeten alleen de juiste ingrediënten bij de hand hebben en deze goed gebruiken.

Zo koken we een goede vleesbouillon

Voor een goede vleesbouillon hebben we natuurlijk in de eerste plaats een goed stuk vlees nodig, of beter gezegd rundvlees. Alleen in bijzondere gevallen worden ook kalfsbeenderen en -vlees voor een bouillon gebruikt (bijv. voor kinder- of dieetsoepen), die dan minder krachtig smaakt maar wel voedzaam is.

Voor het maken van soep zijn de volgende vleessoorten het meest geschikt: schenkel en staart, lappen, schouderstuk, onderrib, dikke rib, fijne rib, klapstuk, halsvlees, borstvlees en tong. Het is aan te bevelen een mergpijpje of soepbeen mee te koken omdat de bouillon dan krachtiger wordt.

Ook van soepkippen, kippe-, eende- of ganzepoelet zijn heerlijke soepen te maken, en fazanten en duiven geven een heerlijke bouillon.

Ten slotte moeten we nog de wildbouillons noemen, die van vlees en beenderen van ree en hert bereid kunnen worden.

Behalve de vleesachtige ingrediënten hebben we ook de verschillende soepgroenten nodig, zoals wortel, bleek- en knolselderij en prei.
Afhankelijk van de tijd van het jaar kunnen ook bloemkool en koolrabi worden toegevoegd.
Afhankelijk van de gewenste smaak worden specerijen verwerkt, zoals zout, peperkorrels, laurierblaadjes, lavas, knoflook en kruidnagelen.

Voor het koken kan het vlees even onder de koude kraan afgespoeld worden. Het mag echter nooit in water blijven liggen omdat er dan belangrijke voedings- en smaakstoffen verloren gaan.

Voor het bereiden van een krachtige bouillon wordt het vlees zonder andere toevoegingen in een pan met koud water opgezet. Tijdens het koken moet het vlees met water bedekt zijn omdat het anders hard en taai wordt.
Ondanks de lange kooktijd hoeven we ons nauwelijks zorgen te maken over het verdampen van het kookvocht omdat bij de juiste temperatuur en het langzaam gaar trekken zeer weinig vocht verdampt.
Wanneer het water snel aan de kook moet worden gebracht, wordt het vlees op hoog vuur opgezet; daarna wordt het vuur op een lage stand gezet. Het grijsachtige schuim dat aan de oppervlakte ontstaat wordt met een schuimspaan afgeschept.

Intussen worden de wortelen schoongemaakt en geschild. De prei wordt gesneden en goed gewassen en de knolselderij geschild. Selderijgroen of lavasblaadjes worden gewassen.
De soepgroenten worden kleingesneden of in een bosje in hun geheel aan de bouillon toegevoegd, dit afhankelijk van de vraag of men de groenten in de soep mee wil eten of ze er later uit wil verwijderen.
Ook de kruiden en specerijen kunnen nu toegevoegd worden; ze ondersteunen de krachtige smaak.
De soep moet op laag vuur gedurende 2-2½ uur meer trekken dan koken. Als de soep te hard kookt, wordt ze niet krachtig genoeg. Wie graag een heel donkere bouillon wil krijgen, kan een hele ui in een droge pan bruin roosteren (niet laten aanbranden!) en deze met de groenten aan de bouillon toevoegen.

Als de soepgroenten verder niet gebruikt worden, wordt het bosje er aan het eind van de kooktijd uit gehaald en wordt de bouillon door een fijne zeef gegoten.

Als de bouillon nog heet ontvet moet worden, wat bij vetter vlees of bij het meekoken van mergpijpjes aan te bevelen is, wordt de soep door een vochtige, uitgewrongen linnen doek gegoten.
Ook kan er voor het zeven een eiwit door de soep worden geroerd, dat het vet bindt en de soep daardoor helder maakt.
Wie het wat gemakkelijker wil, schept het vet, dat naar boven stijgt, met een lepel van de soep.
Wanneer de bouillon een dag van tevoren wordt gekookt, kan na het afkoelen de vast geworden vetlaag er eenvoudig af worden geschept.

Wie het in de bouillon gekookte vlees belangrijker vindt dan een zeer krachtige bouillon, voegt het soepvlees niet aan koud maar aan kokend water of eventueel kokende vleesbouillon toe. Op die manier stollen de vleeseiwitten aan de snijvlakken meteen en trekken de vleesporiën dicht. Het vlees blijft dan malser en sappiger. Verder verloopt het proces net als bij koud opgezet soepvlees.

Voor het koken van krachige vleesbouillons worden de volgende vleessoorten gebruikt:
Van links naar rechts: puntborst, halsstuk, schenkel, klaprib of fijne rib, staartstuk, riblappen.

Wat verder nog in de soep gaat

Rundvleesbouillon, zoals we die zojuist beschreven hebben, kan met alle mogelijke dingen op smaak worden gebracht. Het eenvoudigste is het toevoegen van vermicelli, kleine pastasoorten of rijst.
Wie de soep bijzonder helder wil hebben en wat extra werk niet schuwt, kookt deze soepvullingen apart in wat gezouten water en let erop dat ze niet te gaar worden. Vervolgens wordt de pasta of rijst in een zeef gestort en even onder de koude kraan afgespoeld. Wanneer het goed uitgelekt is, kan het aan de hete bouillon worden toegevoegd en kan de soep na even verhitten geserveerd worden.
Elke bouillon wordt nog kruidiger en aromatischer wanneer voor het serveren wat fijngehakte peterselie of bieslook erover wordt gestrooid.
In plaats van kant-en-klare vullingen, zoals deegwaren, rijst of knapperbolletjes, kunnen er ook verschillende soorten balletjes worden toegevoegd, zoals mergballetjes, gehaktballetjes, broodballetjes, leverballetjes, griesballetjes of meelballetjes.

Voor de gries- of meelballetjes wordt het betreffende deeg gemaakt, waarna met natte handen kleine balletjes daaruit worden gevormd. Ook kan dit gebeuren met

behulp van een lepel die steeds in de hete bouillon wordt gedoopt.

De balletjes worden aan de hete bouillon toegevoegd en moeten in de open pan gaar trekken. De bouillon mag daarbij niet hard koken, maar moet aan de oppervlakte net in beweging zijn. Om vast te stellen of de balletjes gaar zijn, kan er een uit de soep worden genomen en worden gehalveerd.

Wanneer men een ei aan de soep wil toevoegen, moet de soep goed koken, zodat het ei meteen stolt en er zich grote eiervlokken vormen. Na het opkoken laten we de bouillon dan afgedekt staan tot deze weer helder is.

De soep kan ook afgemaakt en verfijnd worden door het toevoegen van eirolletjes of een eierdooier per portie. Deze laat men dan na het serveren in de soepkom of op het soepbord in de hete soep glijden.

Uit Zuid-Duitsland en Oostenrijk komt de zogenaamde omelet- of reepjessoep waarvoor dunne pannekoeken of omeletten worden gebakken, die na het afkoelen in reepjes worden gesneden en aan de soep worden toegevoegd.

Voor een **gebonden soep** die ook bijzonder krachtig van smaak moet zijn, wordt bloem, griesmeel, rijst of sago in een kleine pan kort in wat boter gebakken. Dan wordt er wat bouillon aan toegevoegd en worden de ingrediënten gekookt voor ze aan de soep worden toegevoegd. De soep moet dan nog even weer opkoken.

Crèmesoep wordt bereid op basis van een bloemsaus, die wordt aangevuld met gekookte of gepureerde groenten, bijvoorbeeld selderij, asperges, bloemkool, wortelen, erwtjes en kookwater en bouillonblokjes of vleesbouillon.

Soep kan echter ook koud worden gegeten, vooral de heldere bouillon die ook consommé wordt genoemd. Deze bouillon moet echter volledig ontvet zijn en kan dan ijskoud met verse, fijngehakte kruiden worden geserveerd.

Zoete soepen

Soep hoeft niet altijd pikant te zijn. In de hete zomermaanden zijn bijvoorbeeld de koude vruchtensoepen aan te bevelen, die van alle mogelijke vruchten kunnen worden gemaakt. De vruchten worden eerst goed gewassen en, indien nodig, ontpit en kleingesneden. Dan worden ze met water en suiker aan de kook gebracht. Ook gedroogde vruchten zijn hier geschikt voor, maar ze moeten eerst gewassen en dan een nacht geweekt worden. Het weekwater wordt ook gebruikt. Een dergelijke vruchtensoep moet na het koken in de pan afkoelen, waarbij af en toe geroerd wordt om te voorkomen dat zich een velletje vormt. Toevoegingen als vruchtenlikeur of wijn mogen niet meegekookt worden; daarmee wordt de soep na het koken en voor het afkoelen op smaak gebracht.

Een andere vorm van zoete soepen zijn de **soepen op melkbasis**. Deze soepen zijn niet alleen geschikt als kindervoedsel, maar ze zijn ook smakelijk voor volwassenen. De melk of een melk-watermengsel wordt aan de kook gebracht. Daaraan wordt een bindmiddel, zoals griesmeel, maizena of bloem, toegevoegd. Dit mengsel moet al roerend op een laag vuur gaar trekken. Melksoepen worden gezoet en kunnen bovendien met allerlei ingrediënten verfijnd en op smaak gebracht worden. Er kunnen gemalen noten of goed gewassen en uitgelekte rozijnen aan toegevoegd worden, maar de soep kan ook door toevoeging van slagroom of eierdooier verfijnd worden. Daarna kan er stijfgeklopt eiwit of soepvullingen als stukjes beschuit, koek of griesballetjes aan toegevoegd worden. Heel eenvoudig maar bijzonder decoratief zijn eiwitballetjes.

Als specerijen voor zoete soepen worden vooral kaneel en kruidnagelen gebruikt. De soep kan echter ook met gehakte muntblaadjes of citroenmelisse bestrooid worden.

Eenpansgerechten

Geen ander gerecht is overal ter wereld zo geliefd als het eenpansgerecht. Daarvoor is, zoals de naam al aangeeft, slechts één pan nodig. Deze gerechten verlangen weinig werk en worden min of meer vanzelf op het vuur of in de oven gaar. Eenpansgerechten zijn gemakkelijk te maken, goed op te warmen en in te vriezen en ze smaken bijna iedereen. Wat de ingrediënten betreft: de fantasie kent nauwelijks grenzen.

We onderscheiden drie soorten eenpansgerechten: soepen, gekookte en gesmoorde of gestoofde gerechten.
Voor bijna alle eenpansgerechten geldt dat ze met verse of, in het geval van peulvruchten, met gedroogde groente worden bereid. Verder wordt er veel gebruik gemaakt van vlees of vis. Wat het vlees betreft kan het beste gebruik worden gemaakt van de wat minder malse en minder magere soorten; een iets vettere soort blijft sappiger en geeft het gerecht ook meer smaak. Voor eenpansgerechten zijn hals- of buikvlees, ijsbeen en ribbetjes de geschiktste soorten; bij veel gerechten past ook gepekeld of gerookt vlees.

De hoofdingrediënten voor de groentegerechten –de groenten en kruiden– moeten zo vers mogelijk zijn. Ze worden zorgvuldig schoongemaakt, gewassen en kleingesneden.
De groente kan aan wat bouillon of water worden toegevoegd of, om het gerecht krachtiger te maken, in wat boter worden gesmoord waarna de hete bouillon eraan toegevoegd kan worden.

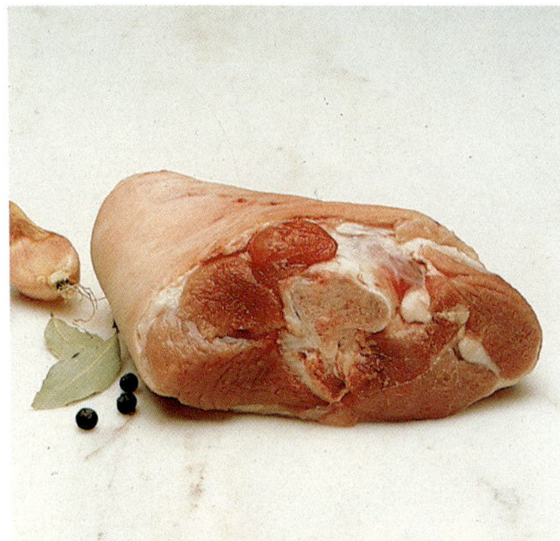

Voor eenpansgerechten zijn de volgende vleessoorten geschikt. Van links naar rechts: ijsbeen, buikspek, halsvlees en ribbetjes.

Eenpansgerechten moeten langzaam op laag vuur koken of stoven. Ze hebben daardoor een lange kooktijd. Voor de bereiding van eenpansgerechten zou in elk huishouden minimaal een gietijzeren pan aanwezig moeten zijn, waarvan het deksel goed sluit. Deze pannen hebben de eigenschap dat de bodem en de wand gelijkmatig heet worden en de hele inhoud gelijkmatig wordt verhit.
Wanneer het gerecht in de oven wordt bereid, is natuurlijk elke ovenschaal geschikt. Ook de römertopf is zeer geschikt voor verschillende ovengerechten. Hierbij is de bereidingstijd nog wat langer.
Kruiden worden pas aan het eind over de gerechten gestrooid of ermee vermengd. Ze bevatten dan niet alleen meet vitaminen, maar hebben ook een krachtigere en frissere smaak.

Soepgerechten

Voor dit soort gerechten zijn alle gedroogde peulvruchten geschikt, zoals linzen, bonen en erwten. Ze moeten voor het koken 12-24 uur worden geweekt en worden dan in het weekwater gekookt. Door toevoeging van een mals stuk vlees, zoals varkensribbetjes of de vettere stukken van rund of varken, worden deze gerechten bijzonder smakelijk. Verder worden er kleingesneden soepgroenten, kruiden, specerijen en vaak ook stukjes aardappelen aan toegevoegd.

Een soepkip is een uitstekend uitgangsprodukt voor een krachtige kippesoep, die later met aardappelen of rijst, of beide, wordt aangevuld.

Gekookte gerechten

Hierbij worden de groenten en kruiden in kokend water of liever nog bouillon gaar gekookt. Ze moeten in ieder geval nog wat beet hebben en niet te gaar worden gekookt. Wanneer er dan ook vlees aan het gerecht wordt toegevoegd, wordt dit wegens de langere kooktijd in water met wat zout bijna gaar gekookt en de groenten worden afhankelijk van hun kooktijd een voor een daaraan toegevoegd – die met de langste kooktijd het eerst, de andere daarna.
We noemen hier een aantal mogelijkheden en voorbeelden voor het samenstellen van groentegerechten, waarbij natuurlijk iedereen naar eigen of gezinssmaak kan variëren:
varkensvlees, wortelen, aardappelen, peterselie;
varkensvlees, koolraap, aardappelen, lavas;
varkensvlees, zuurkool, aardappelen, knoflook, karwijzaad;
spek, tuinbonen, aardappelen, bonekruid;
verse worst, boerenkool, aardappelen;
verse worst, gezouten bonen, aardappelen;
rundvlees, wortelen, selderij, aardappelen, peterselie;
rundvlees, koolrabi, aardappelen, kervel;
rundvlees, sperziebonen, meelballetjes, bonekruid;
rundvlees, witte kool, aardappelen, uien, knoflook;
schapevlees, koolraap, aardappelen;
schapevlees, tuinbonen, aardappelen, knoflook, uien, tomaten.

Tot de bijzonder gewaardeerde gekookte eenpansgerechten behoren ook streekgerechten als 'hete bliksem', een gerecht dat bestaat uit aardappelen en appels. Dit is een mengsel dat misschien niet iedereen kan bekoren, maar dat door toevoeging van uitgebakken spekblokjes en gebakken uien op smaak kan worden gebracht.

Gebakken of gestoofde eenpansgerechten

Alle mogelijkheden kunnen ook worden toegepast op gerechten waarbij de ingrediënten eerst gebakken of gestoofd worden. Deze manier kan worden gebruikt voor de bereiding van groentegerechten, die als hoofdbestanddelen groente en vlees hebben, maar ook voor visgerechten en speciale streekgerechten als labskaus, pichelsteiner en andere specialiteiten.
Met dit soort eenpansgerechten is het ook mogelijk op originele wijze en zonder al te veel werk eens een groot aantal gasten te eten te hebben; bovendien is het bekend dat deze gerechten smakelijker worden naarmate de hoeveelheden groter zijn.

Zo worden de groenten voor eenpansgerechten schoongemaakt

Aubergine: steel afsnijden en de vrucht halveren of in schijven snijden, de snijvlakken of de schijven met zout bestrooien, zodat de bittere stoffen eruit trekken, 30 minuten laten intrekken, droogdeppen.

Bloemkool: bladeren en stronk afsnijden, bruine plekken wegsnijden, de kool wassen, in roosjes snijden. Om eventueel ongedierte te verwijderen, de roosjes enige tijd in gezouten water leggen.

Sperziebonen: de punten afsnijden, of de bonen afhalen, wassen, in stukken breken of snijden of heel laten. Grote bonen doppen.

Erwtjes: doppen, wassen, uit laten lekken.

Venkel: de steel net boven de knol afsnijden, het groen fijnhakken, wortels afsnijden, de knol wassen, in stukken of repen snijden of hele bladeren gebruiken.

Boerenkool: nerven en vlekkerige bladeren verwijderen, goed wassen, uit laten lekken, afkoken.

Koolrabi: schillen, wassen, in reepjes of schijfjes snijden.

Worteltjes: jonge wortelen schrappen, oudere schillen, de punten afsnijden, in schijfjes of reepjes snijden.

Paprika: halveren, steel, zaad en zaadlijsten verwijderen, wassen, in stukken of reepjes snijden.

Paddestoelen: bij kweekpaddestoelen de onderkant van de steel wegsnijden en het vuil eraf borstelen. Bij bospaddestoelen lelijke plekken wegsnijden, op wormen controleren, steel afsnijden, hoedvelletjes verwijderen als dit gemakkelijk gaat (dit geldt vooral voor slijmerige paddestoelen), in dunne schijfjes snijden.

Prei: wortels afsnijden, lelijke bladeren verwijderen, halveren, beide helften goed wassen, heel laten of in ringen snijden.

Rode biet: onder de koude kraan schoonborstelen, in de schil koken, laten schrikken, de bieten schillen, in schijven of reepjes snijden.

Rode kool: buitenste bladeren verwijderen, de kool halveren, stronk eruit snijden, de kool raspen of in reepjes snijden.

Knolselderij: de knol borstelen, dik schillen, in schijven of reepjes snijden.

Tomaten: wassen, halveren, kroontjes eruit snijden. Om te pellen met kokend water begieten, laten schrikken, ontvellen, snijden.

Witte kool: buitenste bladeren verwijderen, de kool halveren, stronk wegsnijden. Bladeren wassen, heel laten, raspen of fijnsnijden.

Courgette: kleinere exemplaren ongeschild gebruiken, de grotere schillen, wassen, in schijven of blokjes snijden.

Ovengerechten

Ovenschotels, gratins en soufflés – het zijn begrippen die ook in grootmoeders tijd, vooral in de fijne keuken, al bekend waren. Ze hebben hun populariteit echter niet verloren. Wat ze alle drie gemeen hebben is dat ze in de oven worden bereid.

Ovenschotels en gratins krijgen, zowel voor het uiterlijk als voor de smaak, een laagje geraspte kaas, paneermeel, broodkruimels of gemalen amandelen, dat dan knapperig gebakken wordt. De schotels worden verfijnd met sauzen of ingrediënten die smeuïg en smakelijk zijn en ze worden op smaak gebracht met kruiden en specerijen.

Bij alle gerechten die zo heerlijk dampend uit de oven komen, past het beste een frisse salade, en bij groentegerechten stokbrood of stevig volkorenbrood.

Ovenschotels

Vanouds worden hiermee de gerechten bedoeld die in de hete oven een luchtige samenstelling krijgen.
Dat geldt echter tegenwoordig meer voor de soufflé dan voor de ovenschotel in het algemeen.

Wat we hier onder ovenschotel verstaan, is een gerecht dat uit verschillende ingrediënten bestaat, die meestal al bijna gaar gekookt of gestoofd zijn en die onder toevoeging van andere voedingsmiddelen ten slotte in de oven worden gebakken.

Ovenschotels worden gemaakt met aardappelen, pasta of rijst, waaraan groente, groentemengsels, vruchten, maar ook vlees, gehakt, vis, gevogelte of wild kunnen worden toegevoegd.

Het voordeel van een ovenschotel is dat we er niet alleen verse ingrediënten voor

hoeven te gebruiken. Een goede combinatie van resten van de vorige dagen kan een geheel nieuwe en heerlijke hoofdmaaltijd opleveren.

Belangrijk is dat stevige, voedzame ovenschotels goed gekruid moeten worden. Daarom is het belangrijk dat elke laag ingrediënten ruim wordt bestrooid met de passende kruiden of specerijen.

De in speciale ovenschalen gerangschikte ingrediënten worden meestal met een saus (bijv. een béchamelsaus), room, crème fraîche of een mengsel van geklopte eieren en room begoten. Daarna worden ze bestrooid met geraspte kaas of paneermeel, eventueel besprenkeld met cognac en belegd met klontjes boter.

De schotel wordt vervolgens door middel van sterke bovenhitte in de oven gebakken tot het gerecht een mooie goudbruine korst heeft en het dampend geserveerd kan worden. Ovenschotels smaken opgewarmd echter ook heerlijk.

Als materiaal voor de oven kunnen speciale soufflévormen of ovenschalen van vuurvast glas, keramiek of porselein worden gebruikt. Die vormen en schalen zijn er in elke grootte en rond, ovaal of rechthoekig. De meeste zien er tegenwoordig zo mooi uit dat het gerecht er ook in geserveerd kan worden.

Gratins

Gerechten die gegratineerd moeten worden, worden net als de ovenschotels in een ovenschaal gelegd. 'Gratin' is het Franse woord voor korst en het kenmerkende van een gratin is dan ook dat er door een sterke hittewerking een knapperig korstje ontstaat. Voor een gratin kunnen ook rauwe ingrediënten worden gebruikt, bijvoorbeeld bij de geliefde aardappelgratin, waarvoor dunne schijfjes aardappel schubvormig in een beboterde ovenschaal worden gelegd. Ze worden begoten met melk of room of een mengsel daarvan; verder worden ze gekruid en eventueel met kaas bestrooid. Omdat de aardappelen relatief lang in de oven moeten garen, wordt de schaal eerst met aluminiumfolie afgedekt, tot de aardappelen bijna gaar zijn. Dan wordt het verwijderd en moet het oppervlak knapperig bruin worden. Behalve aardappelen kunnen ook paddestoelen goed gegratineerd worden. Groenten, zoals aubergine, venkel, Chinese kool, courgette, witte kool en bloemkool, worden meestal voorgekookt tot ze bijna gaar zijn. De oventijd is dan veel korter. Groentegratins zijn samen met een frisse salade en gekookte of gebakken aardappelen een uitstekende vleesloze maaltijd.

Soufflés

Net als de ovenschotels en de gratins zijn de soufflés ovengerechten. Het Franse woord 'souffler' betekent opblazen. Deze opblazende werking ontstaat door het zeer stijf geklopte eiwit, dat kort voordat het gerecht in de oven wordt gezet door het gerecht wordt geschept. Wie een soufflé zo kan bereiden dat hij hoog, luchtig en goudgeel op tafel komt, is al in de hogere kookkunst ingewijd, want dit gerecht is in alle variaties een onderdeel van de haute cuisine.

Als ingrediënten voor een soufflé zijn bijv. kaas, vele groentesoorten, paddestoelen en kwark geschikt.

Onontbeerlijk voor elke soufflé is de béchamelsaus, waarvoor wat meer bloem wordt genomen dan gewoonlijk, omdat de saus later gemengd wordt met de andere ingrediënten waardoor ze snel te dun kan worden. Per persoon wordt ongeveer 1 ei gerekend, waarvan de dooier door het gerecht gaat en het eiwit geklopt wordt. Vroeger werd het eiwit voor een soufflé in een messing ketel boven hete damp geklopt. Tegenwoordig kunnen we de eiwitten met de mixer zo kloppen dat ze stijf genoeg zijn. Het eiwit moet voorzichtig door het gerecht worden geschept en mag niet geroerd worden.

Er zijn verscheidene vuurvaste vormen om soufflés in te maken. Ze hebben allemaal een in verhouding hoge rand omdat de soufflé 'groeit' in de oven. De oven wordt voorverwarmd en de gare soufflé wordt in de vorm op tafel gezet omdat hij anders snel in elkaar zou kunnen zakken.

Alfabetisch register

Oorspronkelijke titel: Dr. Oetker Küchenbibliothek – Suppen – Eintöpfe – Aufläufe

Foto's: Fotostudio Büttner, Bielefeld
Fotodesign Bernd Lippert, Bielefeld
Christiane Pries, Borgholzhausen
Brigitte Wegner, Bielefeld
Arnold Zabert, Hamburg
Vormgeving: Agentur für Werbung und Marketing ATS GmbH, Bielefeld
Omslagontwerp: Ton Wienbelt
Vertaling: Marjan de Jonge
Redactie en produktie: TextCase, Groningen
Zetwerk: Letter & Lijn, Groningen

ISBN 90 396 0035 X